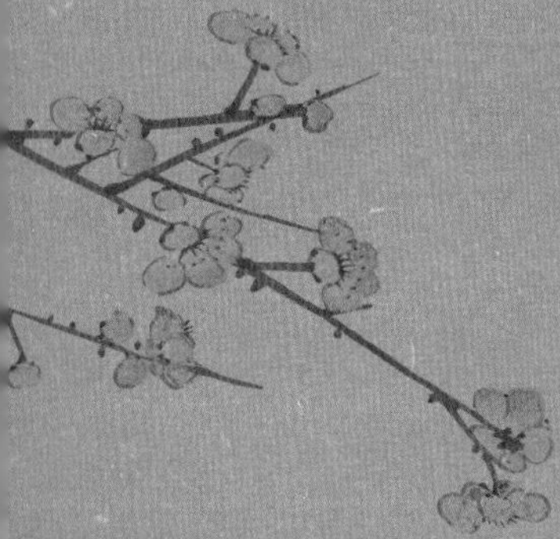

景,
자연을
노래하다

국립중앙도서관 출판예정도서목록(CIP)

(한시 감상) 景, 자연을 노래하다 / 한국고전번역원 엮음 ;
권경열, 김성애, 변구일, 양기정, 이정원, 장미경, 하승현
집필. -- 서울 : 한국고전번역원, 2016
p. ; cm

감수: 홍기은
ISBN 978-89-284-0414-8 03810 : ₩10000

한시[漢詩]

811.909-KDC6
895.71009-DDC23 CIP2016019232

한시 감상

景경, 자연을 노래하다

한국고전번역원 엮음

한국고전번역원

책머리에

한시漢詩와의 새로운 만남을 꿈꾸며

'우헐장제초색다雨歇長堤草色多', '우헐장제초색다', '송군남포동비가送君南浦動悲歌', '송군남포동비가'. 고교 시절 한문 수업 시간에 정지상鄭知常의「송인送人」시를 배웠다. 선생님은 구절 하나마다 열 번씩 따라 읽으라고 하셨다. 그때는 한시가 뭔지도 몰랐지만 따라 읽다 보니 입에서 구르는 소리와 시의 의미가 어우러져 아름답다는 느낌이 들었다.

한시는 보통 5자나 7자가 1구句를 이루는데 이렇게 4구로 이루어진 시를 절구絶句라고 하고 8구로 이루어진 시를 율시律詩라고 한다. 고시古詩, 배율排律, 가행歌行, 악부樂府 등 온갖 형식의 한시들이 있지만 당대唐代 이후 대부분의 한시는 절구와 율시로 지어졌다. 적게는 20자, 많아도 56자에 불과하지만 한시를 짓는 일은 그리 쉽지 않다. 당대唐代의 시인 가도賈島라는 사람은 '승고월하문僧敲月下門'이란 시구를 지을 때 달빛 아래 문을 민다고推 해야 할지 두드린다고敲 해야 할지 수없이 고민했다는 이야기도 있다.

선인들이 한시를 짓는 이유는 다양했다. 벗이나 친지와 만나거나 헤어질 때, 길을 떠나 마주하는 풍광에 느낌이 일 때, 사회의 모순을 목격하거나 회고懷古의 감정을 품을 때, 생활 속에 겪게 되는 소소한 경험과 깨달음을 남기고 싶을 때, 기쁨과 슬픔, 외로움과 아픔 등 온갖 감정이 일어나는데 그 감정을 풀 방법이 없을 때 선인들은 한시를 지었다. 심지어는 관료를 선발하는 과거 시험에서도 시부詩賦를 짓는 능력을 보았는데 이는 시부를 잘 짓는 자가 백성도 잘 다스릴 수 있다고 여겨서였다. 한시를 짓는 능력을 문인의 기본 교양으로 여긴 것이다.

하루가 다르게 변해 가는 세상에서 선인들이 남겨 놓은 한시가 현대인에게 무슨 의미로 다가올 수 있을까? 오늘날 인터넷의 발달을 시작으로 스마트폰, SNS, 인공지능, 로봇, 가상현실 등의 첨단 기술이 지난 수십 년 동안 우리들이 살아 온 모습을 크게 바꾸어 놓았다. 핵가족화를 넘어 1인 가구가 폭발적으로 늘어나고 있고 일상의 많은 일들이 사람을 마주하지 않고도 처리할 수 있게 바뀌고 있다. 여기에 더해 치열한 생존 경쟁을 강요하는 자본주의 체제는 변화의 속도를 높이면서 사람들에게 변화에 적응하라고 강요하고 있다. 조용히 성찰할 여유가 주어지지 않으니 현기증과 불안감은 더욱 커져만 간다. 이러한 시대에 한시에 담긴 선인들의 시선을 통해 현대 사회를 살아 가는 우리의 모습을 바라보는 일은 의미가 있다고 할 수 있다. 세상이 바뀌어도 변하지 않을 인간의 본성은 무엇인지, 시간이 흐르면서 우리가 잃어버린 것은 무엇인지 되돌아볼 수 있기 때문이다. 사실 생각해 보면 선인들은 바로 우리의 할아버지의 할아버지, 그 할아버지의 할아버지가 아닌가?

이 책은 '한시 감상'이라는 제목으로 한국고전번역원 홈페이지와 고전 메일링 서비스를 통해 2011년부터 2015년까지 선보였던 글들을 엮은 것이다. 한국고전번역원 연구원들이 선인들의 문집을 중심으로 한시를 선별하여 해설하고 오늘을 살아 가는 생활인으로서 느낀 점을 더해 우리 자신을 돌아보는 계기를 마련하고자 쓴 글들이다.

'한시 감상'은 「景경, 자연을 노래하다」와 「情정, 사람을 노래하다」 두 권으로 나누어 엮었는데, 이 책 「景경, 자연을 노래하다」에는 봄·여름·가을·겨울 사계절의 순환을 바라보는 시인의 따스하고 참신한 시선이 담긴 시들이 수록되어 있다. 설날·칠석·추석·동지 등 세시歲時의 변화를 맞이하는 시인의 마음을 노래한 시들이 있는가 하면, 봄비·매화·대나무·초승달·종소리·무지개·바람·첫눈·소나무·동백꽃·닭·산사·초가집 등 우리 주변에서 흔히 볼 수 있는 사물을 통해 느낀 시인의 깨달음을 전해주는 시들도 있다.

송나라 때 엄우嚴羽는 시재詩才가 따로 있다고 주장하였는데, 나는 이를 넋의 울림이라고 말하고 싶다. 가슴이 꽉 메어 올 때, 눈에 뜨거운 것이 핑 필 때, 낯이 화끈 달아오르도록 부끄러울 때 넋이 움직여 시가 된다. 시는 넋을 통해 발현되고 넋은 시를 통해 위로받는다. 이 책이 독자들의 넋을 울릴 수 있다면 이보다 더한 기쁨은 없을 것이다.

2016년 여름, 한국고전번역원에서

필진을 대표하여 변구일 씀

차례

제3장 가을

제4장 겨울

봄비 보슬보슬 방울도 지지 않더니 春雨細不滴

밤 되자 은은하게 소리를 내는구나 夜中微有聲

제 1 장

봄

새해를 맞이하며

허전

새해에 세배하러 찾아오는 이　　歲時來拜人
절반은 수염 허연 사람들이네　　半是鬚眉皓
내 나이 많아짐을 알지 못하고　　不知己年高
소년들 늙었음에 되려 놀라네　　還驚少年老

허전許傳, 1797~1886,「즉흥시卽事」,『성재집性齋集』

우리는 새해를 어떻게 맞이하고 있을까? 해마다 새로 맞이하는 새해가 언제나 같은 느낌은 아닐 것이다.

어렸을 때를 생각해 보면 세뱃돈이 생겨서 좋았고, 평소와는 다른 맛있는 음식을 먹어서 좋았고, 새 옷이 하나 생겨서 좋았

門巖觀日出
謙齋

고, 나이를 한 살 더 먹게 되어 좋았다. 새로운 분위기 속에서 막연히 좋은 일이 많이 생길 것만 같았고, 거창하게 세워 놓은 신년 계획이 나를 한 뼘 더 성장시켜 줄 것만 같았다. 그러나 언제부터인가 설날은 달력의 수많은 빨간 날 중 하나가 되었고, 또 그저 어제의 다음 날 정도로만 느껴지기도 했다.

위의 시는 늙은 시인이 새해를 맞이하면서 느끼는 감정을 평이하면서도 잘 와닿게 표현하고 있다. 나이가 들수록 새해에 인사 드려야 할 사람은 점점 줄어들고, 찾아와 인사하는 사람은 점점 늘어나게 마련이다. 시에서는 찾아오는 이들 중 머리와 수염이 하얀 사람이 절반이나 된다고 하였다. 노인에게까지 세배를 받는 시인은 노인 중에서도 상노인인가 보다. 시인이 90세까지 장수했다는 것을 생각하면 그 상황을 연상할 수 있을 법하다. 시의 저자는 늘 젊게 살았던 것인지 아니면 나이를 느낄 겨를도 없이 바쁘게 살았던 것인지, 평소 자신의 나이를 크게 인식하지 못하다가 찾아오던 젊은이들이 어느덧 노인의 모습을 하고 있음을 보고 깜짝 놀라고 있다.

이 시의 작가인 허전은 젊은 시절에는 학문에 종사하여 비교적 늦은 나이인 39세에 과거 시험에 급제하였다. 성호星湖 이익李瀷의 학맥을 이은 근기近畿 남인계南人系 학자로서 많은 저술을 남겼으며, 이조 판서, 한성부 판윤 등의 벼슬을 역임하였다. 정조 시대에 태어나 90세까지 장수하여 1886년고종23까지 살았으니, 지금 우리 할아버지의 할아버지와 같은 시대에 살았을 비교적 우리와 가까운 시대의 인물이라 하겠다. 70세는 보통 벼슬을 그만둘 나이라 하여 맡았던 직책을 모두 내려놓는데, 허전은 87세에 한성부 판윤, 88세에 예문관 제학과 홍문관 제학 벼슬을 지내는 등 왕성하게 활동하였다. 그리고 죽음에 가까워진 90세의 나이에도 학문의 길에서 물러나지 않았던 것 같다. 다음은 그가 90세에 지은 「일찍 일어나蚤起」라는 시의 한 대목이다.

세상의 좋은 책을 못 본 것이 많건만	天下好書多未見
유유한 세월이 냇물처럼 흘러가네	悠悠歲月逝如川

웬만한 학자들은 어느 정도 나이가 들면 학문의 길에서도 물러나곤 하는데, 허전은 90세의 나이에도 여전히 아직 읽지 못한 좋은 책을 생각하며 새로움을 추구하고 있었나 보다. 보고 싶은 책은 많은데 흐르는 세월이 야속하기만 하다.

누구에게나 똑같이 주어지는 새해지만, 결코 누구나 똑같이 맞이하지는 않는다. 어떤 이에게는 희망이 되고, 어떤 이에게는 그냥 휴일이 되고, 어떤 이에게는 서글픔이 될지도 모른다. 그러나 새해를 맞아 무엇인가를 새롭게 생각한다면 새로움은 우리에게 가능성을 선사할 것이다. 그리고 그 가능성을 실현하는 것은 전적으로 나 자신의 몫이다.

이정원

내 바보 사려

장유

소년들이 길에서 외치고 다니네　街頭小兒叫
"당신께 팔 물건이 있어요."　有物與汝賣
무엇을 팔려느냐 물어보니　借問賣何物
끈덕지게 붙어 있는 바보라고 하네　癡獃苦不差
늙은이가 말하네　翁言儂欲買
"내가 사련다. 네게 그 값도 바로 치러 주마."　便可償汝債
살면서 지혜롭기 바라지 않네　人生不願智
지혜란 원래 시름겹게 하는 것　智慧自愁殺
온갖 걱정 만들어 평정심을 깨뜨리고　百慮散沖和
온갖 재주 다 부려 계산하는 데 힘을 쓰지　多才費機械
예로부터 지혜롭다 소문난 이들　古來智囊人

白眼看他世上人
小塘

세상살이 몹시도 곤궁했다네 處世苦迫隘
환하게 빛나는 기름 등불은 膏火有光明
활활 타올라 스스로 꺼지고 煎熬以自敗
무늬가 아름다운 짐승은 鳥獸有文章
끝내 덫에 걸리고 말지 罔羅終見罣
지혜가 있는 것이 없느니만 못하니 有智不如無
바보가 된다면야 더더욱 좋고말고 得癡彌可快
너에게서 바보를 사 오면서 買取汝癡獃
너에게 교활한 꾀를 건네 주지 輸却汝狡獪
밝게 보지 못한다 해서 눈머는 것도 아니고 去明目不盲
분명히 듣지 못한다 해서 귀먹는 것도 아니네 去聰耳不聵
올해 크게 길하고 이롭겠구나 新年大吉利
점쳐볼 것도 없이 바로 알겠네 不用問蓍卦

장유張維, 1587~1638, 「바보를 팔다賣癡獃」, 『계곡집谿谷集』

조선 중기 한문사대가漢文四大家 중 한 사람인 계곡谿谷 장유의 오언 고시五言古詩이다. 심수경沈守慶이 편찬한 『견한잡록遣閑雜錄』에 보면, 새해 첫날 만나는 사람을 불러서 그가 대답을 하면 "내 허술함을 사시오.買我虛疏"라고 했는데, 이를 '바보를 판다賣癡'고 하였으며, 이는 재액災厄을 면하기 위해 한 일이라고 한 기록이 있다. 요즘도 정월 대보름에 "내 더위 사려" 하며 더위를 팔 듯, 새해 첫날 나의 어리숙함을 남에게 넘김으로써 어리숙함으로 인해 겪을 액운을 미리 떨어 버리려는 풍속이었던 듯하다.

계곡은 바보를 파는 아이에게 선뜻 그 바보를 사겠노라고 답한다. 그것도 값까지 치러 주면서 말이다. 이유는 분명하다. 재주를 부리지 않고 지혜를 쓰지 않아도 평범하게 사는 데에는 지장이 없지만, 재주를 부리고 계산을 하다 보면 스스로 화를 불러들이게 된다고 보아서이다. 지혜로운 사람이 고단한 삶을 살고 귀한 재주를 지닌 사람이 곤경에 처하는 것을 볼 때, 어리숙해야 액을 피할 수 있다고 생각한 것이다. 그리고 새해에는 꾀를 버리고 바보를 샀으니 운수대통할 것이라고 자신한다.

과연 무엇이 액을 부르는가? 남에게 바보를 파는 사람처럼 모르는 것이 액을 부른다고 여겨야 할까? 아니면 앎 때문에 괴로움을 겪으니 아는 것이 액을 부른다고 여겨야 할까? 새해 첫날 누군가 내게 "내 바보 사려."라고 외칠 때 나는 기꺼이 지갑을 열어야 할까? 아니면 "떼기 이놈!" 해야 할까?

하승현

다리밟기

김려

기둥 놓인 긴 다리 몇 군데나 되나　　蚣蝮長橋幾處嵬
맑게 갠 하늘엔 티끌 한 점 없구나　　新晴天氣瀞無埃
선남선녀 구름같이 무리 지어서　　如雲士女成群隊
온갖 병 쫓으려 한바탕 돌아다니네　　百病消磨走一回

대보름날 밤에는 남녀가 무리 지어서 광통교廣通橋부터 다리밟기를 시작하여 온 성안의 돌다리를 두루 돌아다니는데, 이를 '온갖 병 쫓기'라고 하기도 하고 '다리밟기 놀이'라고 하기도 한다.

김려金鑢, 1766~1821, 「한양의 봄을 읊다艮城春囈」, 『담정유고藫庭遺藁』

우리나라의 정월 대보름 풍습을 읊은 김려의 연작시 「상원이곡上元俚曲」 25수 중의 하나이다. 원제는 「대보름 풍속 노래. 이현

街橋步月
松月軒

동의 시를 본떠 지은 25수를 급히 써서 운루 유자범에게 보내다 上元俚曲 斅李玄同體二十五首 走筆簡雲樓兪子範」이다.

이현동李玄同과 유자범兪子範은 모두 저자의 절친한 벗으로 다 같이 낙산駱山에 놀러가기로 약조를 했었는데, 이날 저녁에 마침 저자가 병으로 가지 못하게 되어 밤새 잠 못 이루며 시를 지어 보낸 것이다. 각 수마다 정월 대보름 풍습의 자세한 내용이나 역사적 배경, 기원 등이 주석으로 달려 있어 시의 이해에 도움을 주고 있다.

연작시에서는 약밥이나 말린 나물 먹기, 부럼 깨물기, 귀밝이술, 널뛰기, 연날리기, 쥐불놀이, 줄다리기, 더위팔기, 달맞이 등 지금도 주위에서 찾아볼 수 있는 민속놀이 외에 다리밟기, 용알 건지기, 풍년 빌기, 과일나무 시집보내기, 처용놀이, 돌팔매 싸움 등 이제는 민간에서 사라져 가는 많은 풍속을 소개하고 있다. 그중 다리밟기 놀이는 '주백병走百病', '답교踏橋', '주교走橋' 등으로 불리는데, 유득공柳得恭의 『경도잡지京都雜誌』, 김매순金邁淳의 『열양세시기洌陽歲時記』, 홍석모洪錫謨의 『동국세시기東國歲時記』 등에서는 이 풍습이 중국에서 유래된 것으로 고려 시대부터 행해졌다고 하였다.

대보름날 저녁에 온 도성의 남녀들이 몰려나와 광통교와 수표교 등에서 달구경을 하고 성내의 돌다리를 두루 돌아다니며 건너면 그해의 액을 물리칠 수 있다고 믿었다. 이 풍속은 조선시대 엄격한 유교적 분위기 속에서 일종의 축제처럼 숨통을 트이게 하는 역할을 했을 것으로 생각된다.

위 시에서도 서울에 기둥 놓인 다리가 몇 개나 되나며 대보름 달빛 아래 남녀가 무리 지어 장안을 한바퀴 돈다는 내용이 실려 있다.

다리밟기 풍습이 실제로 병을 쫓았는지는 모르겠지만 추위가 풀린 대보름날 저녁 밝은 달빛 아래서 수많은 남녀들이 삼삼오오 무리 지어 다리를 밟고 다니는 모습은 무척이나 낭만적이다. 발렌타인데이에 초콜릿 때문에 실의에 빠진 젊은이들은 대보름날 다리에 한번 나가 보는 게 어떨까 싶다. 달빛은 또 상대를 아름답게 보이게 하는 마술을 지니고 있지 않은가?

김성애

봄날 시냇가에서

이황

눈 녹고 얼음 풀려 맑은 시내 흘러가고　　雪消氷泮淥生溪
살랑살랑 봄바람은 버들 둑에 불어오네　　淡淡和風颺柳堤
병 낫고 와서 보니 그윽한 흥 넉넉한데　　病起來看幽興足
새싹 돋는 고운 풀은 더욱이 어여쁘네　　更憐芳草欲抽荑

버들 옆 시내 찾아 모래 위에 앉았더니　　傍柳尋溪坐白沙
아이들은 새 옷 입고 따라와 뛰어노네　　小童新試從婆娑
누가 알랴 얼굴 가득 불어오는 봄바람에　　誰知滿面東風裏
천만 가지 꽃들이 수놓은 듯 피어날 줄　　繡出千芳與萬葩

이황李滉, 1501~1570,「봄날 시냇가에서春日溪上」,『퇴계집退溪集』

퇴계 선생이 벼슬에서 잠시 물러나 고향인 예안禮安의 퇴계에 머물던 1561년 봄에 지은 것이다. 퇴계 선생은 조선의 성리학을 체계화하여 집대성한 분이다. 뛰어난 학문과 온후한 인품으로 당대는 물론 후대에까지 많은 사람들의 존경을 받았다. 문하에서 훌륭한 제자들을 많이 배출하였고, 고봉高峯 기대승奇大升과 오랜 기간에 걸쳐 장문의 편지를 주고받으며 인간의 본성과 마음에 대해 허심탄회한 토론을 벌인 일은 잘 알려져 있다.

1560년에서 1561년으로 넘어가던 이해 겨울은 다른 해에 비해 날씨가 따뜻해 선달에도 얼음이 얼지 않았다. 그런데 해가 바뀌어 봄이 되자 갑자기 꽃샘추위가 찾아왔다. 매서운 눈보라도 몰아쳤다. 소와 말들도 추위에 얼어버리고, 개구리는 경칩이 지나도록 깨어날 줄 몰랐다. 봄이 오기만을 학수고대하던 가난한 사람들은 추위와 배고픔에 죽을 지경이었지만 하소연할 곳도 없는 처지였다. 퇴계 선생은 그날의 광경을「봄 추위에 본 광경을 적다春寒記所見」라는 제목으로 다음과 같이 묘사하였다.

지난 겨울 따뜻하여 땅이 얼지 않아 　去歲冬溫地不凝
섣달에는 능인이 얼음 없을까 걱정터니* 　凌人臘月憂無氷
올 봄엔 날이 추워 눈발 하늘 가득하고 　今歲春寒雪塞空

---

* '능인凌人'은 고대 중국의 주周나라 때에 빙고氷庫에 얼음을 저장하는 일을 담당했던 관리이다. 능인이 강물이 얼지 않아 얼음을 저장하지 못하게 될까 걱정할 정도로 겨울이 따뜻했음을 강조한 말이다.

몰아치는 매서운 바람은 산을 뒤흔드네　　凶飆頓撼山岳崩
삭막한 촌락에는 소와 말이 얼어붙고　　閭井蕭條牛馬凍
이월 끝자락에도 개구리는 꿈짝 않아　　夾鍾之末蟄未動
처자식 이끌고서 죽어야 할 처지인데　　携持婦子欲棄溝
하소연이 하늘까지 어찌 쉬 도달하랴　　仰訴蒼蒼那易狃

마침내 추위는 잦아들고, 모진 시련을 견뎌낸 생명들이 봄을 맞이하였다. 얼었던 대지가 녹아 시냇물이 다시 흐르고 따스한 봄바람 속에 생명의 기운이 다시 태동하였다. 봄바람에 눈이 녹자 병도 함께 사라졌으니, 봄을 맞이하는 선생의 흥취는 더욱 새로웠을 것이다.

겨우내 웅크렸던 몸을 일으켜 봄의 풍경을 바라보면 어느 것 하나 정겹지 않은 것이 없지만, 얼었던 대지를 뚫고 솟아나는 파릇한 새싹은 우주의 생명력을 느낄 수 있는 가장 경이로운 생명체이다. 매서운 북풍한설이 앙상한 가지에 몰아쳐 마음까지 얼어붙는 때에 온 세상에 울긋불긋한 꽃이 만발하리라 누가 상상이나 할 수 있겠는가? 하지만 우리가 혹독한 시련을 겪을 때마다 희망을 잃지 않을 수 있는 것은 추운 겨울이 지나면 따뜻한 봄날이 다시 돌아온다는 확고한 믿음이 있기 때문이다. 입춘이 지금 막 지났으니, 곧 봄바람이 불어올 것이다. 그리고 꽃이 필 것이다. 상상만 해도 벌써 내 마음속엔 꽃이 가득하다.

양기정

봄비 소리 들으며

정몽주

봄비 보슬보슬 방울도 지지 않더니　　春雨細不滴
밤 되자 은은하게 소리를 내는구나　　夜中微有聲
눈 녹아 앞 시냇물 불어날 테고　　雪盡南溪漲
풀싹들도 얼마쯤 돋아나겠지　　草芽多少生

정몽주鄭夢周, 1337~1392, 「봄의 흥취春興」, 『포은집圃隱集』

봄비 내리는 모습을 통해 만물이 부활하는 봄이 오기를 기대한 시이다. 제1구와 제2구에서는 방울조차 지지 못하고 보슬보슬 내리던 비가 밤이 되어 작게나마 소리를 낼 만큼 빗방울이 굵어졌다고 이야기한다. 만물이 잠든 시간, 아직 깨어 있던 시인의

귀에 들리는 은은한 빗소리. 고요한 밤에 깨어 있는 사람만이 들을 수 있는 소리일 것이다. 시인은 이를 '세부적細不滴'이란 시각적 묘사와 '미유성微有聲'이란 청각적 묘사의 대비를 통해 드러내고 있다. 그리고 제3구와 제4구에서는 굵어진 빗방울의 소리만큼 분명해질 계절의 변화를 예상하며 곧 맞이하게 될 봄날을 상상한다. 밤새 내린 비로 겨우내 쌓인 눈이 녹아 앞 시냇물이 불어나고 새싹들이 돋아날 봄날을 기대하는 것이다.

정몽주는 고려 후기의 문신·학자이다. 본관은 영일迎日, 호는 포은圃隱으로 목은牧隱 이색李穡, 야은冶隱 길재吉再와 함께 고려삼은高麗三隱의 한 명으로 잘 알려져 있다. 1357년공민왕6 진사를 뽑는 시험에 합격하고, 1360년 문과에 장원으로 급제한 24세에 벼슬길에 나아갔다. 친명파親明派 신진사대부로 활동하며 삼봉三峯 정도전鄭道傳과 오랫동안 긴밀한 관계를 유지했으나 역성혁명易姓革命과 고려 개혁을 놓고 갈등이 벌어졌을 때 개혁을 선택하였다. 이후 역성혁명파의 조선 건국에 반대하여 이성계李成桂, 정도전 일파를 제거하려 했으나 실패하고 오히려 1392년공양왕2 4월 이방원 일파에 의해 피살되었다. 피살 직후 역적으로 단죄되었으나, 1401년태종1 태종이 정도전, 남은南誾을 제거한 후 정도전 등을 격하시키기 위해 조선 건국에 반대하고 피살당한 그를 의도적으로 충절의 상징으로 격상시켰다.

정몽주는 어려서부터 학문을 좋아해 게을리하지 않았고 성리학에 대한 조예가 깊어 '동방 이학理學의 시조'라 불리었으며 정치적으로도 고려 말의 어려운 시기에 정승의 자리에 올라 아무리 큰일이 나더라도 조용히 사리에 맞게 처리하였다는 평을 받았다. 문집으로 『포은집』이 전하며, 그의 시조 「단심가丹心歌」는 그의 충절을 대변하는 작품으로 후세에까지 회자되고 있다.

대내외적으로 혼란기였던 고려 후기에 생장하고 활동했던 정몽주가 기대했던 봄날은 과연 어떤 세상이었을까. 그는 국왕 중심의 강력한 집권체제를 세워 권신權臣들의 발호를 막고, 국력을 강화하여 왜구의 침탈과 원元에 이은 명明의 압력에 대응하며 토지 제도 개혁을 통해 사회를 개혁하고자 했다. 그가 최종적으로 추구했던 것은 바로 민생民生의 안정이었을 것이다.

장미경

비 갠 아침

이석형

아침나절 경치 한껏 맑아서 朝來景物十分清
원근의 맑은 빛 선명히 눈에 드네 遠近晴光入眼明
산꼭대기로 구름 지나자 모습을 드러내는 봉우리들 雲過嶺頭山數點
시냇물 돌아 흐르는 마당에 파릇파릇 돋아난 새싹 水繞庭畔草千莖
아물아물 아지랑이 들빛은 봄빛을 더하고 煙拖野色添春色
소나무에 부는 바람, 빗소리처럼 들리네 風送松聲作雨聲
비파 놓고 일어선 증점曾點 얼마나 우스운가 多笑孔門鏘舍瑟
그윽한 정 읊자고 기수沂水까지 갈 것 뭐 있다고 何須沂上詠幽情

이석형李石亨, 1415~1477, 「아침 일찍 일어나 보니 비가 개어 있었다. 느낌을 적는다早起雨晴 書懷」, 『저헌집樗軒集』

이석형은 조선 전기의 문신으로 문종 때 정인지鄭麟趾 등과 『고려사高麗史』 개찬에 참여했고, 전라도 관찰사·형조 참판·대사성·호조 참판·중추부 판사 등을 지낸 인물이다.

이 시에서 저자는 비가 갠 봄날 아침의 맑고 깨끗한 풍경과 이를 바라보는 마음을 노래하였다. 새봄의 풍경처럼 시에도 거추장스럽고 까다로운 부분이 없다. 아침, 맑은 빛, 구름이 지나간 산, 파릇파릇 돋아나는 풀들, 들판의 아지랑이, 솔숲에 부는 바람 등 봄 풍경을 대표하는 소재들이 자연스럽게 잘 어우러져 있다.

증점이 비파를 놓고 일어섰다는 고사는 『논어論語』 「선진先進」에 보인다. 공자가 여러 제자에게 각자의 뜻을 말해 보라고 하자, 증점이 비파를 타다 말고 일어나서 대답하였다.

> "늦은 봄에 봄옷이 지어지면 장정 5, 6인, 동자 6, 7인과 함께 기수에서 목욕하고 무우에서 바람을 쐬고 노래를 부르며 돌아오겠습니다."

저자는 자연 속에서 흥취를 느끼며 살겠노라는 뜻을 증점에 빗대어 말하고 있다. 그러면서도 증점은 봄옷을 갖춰 입고 동자를 데리고 무우에 가서 목욕하고 노래를 부르며 돌아오겠다고 했지만 자신은 자신이 있는 곳에서 이미 이런 흥취를 다 느끼고 있다고 말한다. 늘 자연과 함께하는 자신의 삶에 대해 자부하는 말이다.

미세 먼지로 뿌연 날이 많아 봄비에 맑게 씻긴 봄 풍경을 노래한 시가 더욱 반갑다. 날씨도 날씨려니와 앞이 안 보이게 뿌연 먼지 같은 이야기들을 씻어 줄 단비 같은 소식도 많이 전해졌으면 좋겠다. 마음 한구석이 우울한 그런 봄 말고, 어디에도 구애됨이 없어 그저 울긋불긋 꽃대궐을 만끽하기만 하면 되는 그런 화창한 봄이 왔으면 좋겠다.

하승현

봄을 찾아

김보

맑은 시내 좋은 곳 그 어디던가 爲訪淸溪好
나귀 박차 맑은 시내 길로 드네 策驢淸溪道
사람은 시냇가 모래밭에 누웠고 人臥澗邊沙
나귀는 석양녘 풀밭에서 노니네 驢放夕陽草

김보金普, ? ~ ?, 「봄을 찾다尋春」, 『대동시선大東詩選』

『대동시선』은 「시일야방성대곡是日也放聲大哭」으로 유명한 장지연張志淵이 1917년 경에 편집한 한시 선집이다. 이 책에는 고조선 때에 곽리자고霍里子高의 아내가 지었다고 전해지는 「공후인箜篌引」과 고구려의 유리왕琉璃王이 지었다는 「황조가黃鳥歌」부

터 대한제국 말기의 작품까지, 2천여 문인의 명시가 망라되어 있다. 『대동시선』에는 이 시 이외에도 김보의 시 4편이 더 수록되어 있다. 하지만 시인에 대한 정보는 자세하지 않다. "자字는 은경殷卿, 본관은 예안禮安으로, 숙종 시대의 인물이다."라는 정도만 밝혀 놓았을 뿐이다.

시에는 봄을 맞아 여유를 즐기는 시인의 모습이 주변의 경관과 사물을 통해 잘 표현되어 있다. 시인은 어느 봄날 나귀를 재촉하여 맑은 시내 길을 지나며 한적한 곳을 찾고 있다. 제1구와 제2구에서 '맑을 청淸'자를 반복하여 청량감을 더해 주고 있으며 나귀를 등장시켜 느릿한 여유를 보여주고 있다. 그리고 도착한 곳에서 나귀는 아무렇게나 풀어놓은 채, 자신은 시냇가 모래밭에 누워 버린다. 봄에 대해 수식하거나 주변 풍광을 묘사하고 있지는 않다.

시내 길을 따라 좋은 곳을 찾다가 멈추었으니 굳이 풍광이 좋다고 다시 말할 필요가 없다. 봄이라 했으니 자연히 따사로운 햇살과 싱그러운 풀 내음, 그리고 주위를 감도는 꽃향기가 있을 것이고 시냇가 모래밭이라 했으니 당연히 물소리가 곁들여질 것이다. 시간이 얼마나 지났을까? 해는 서산에 지고, 타고 온 나귀도 아무런 간섭 없이 풀밭에서 여유로운 한때를 보내고 있다.

시인은 무엇 때문에 이런 한적한 곳을 찾아 자연에 몸을 내맡겼을까? 번뇌를 가득 안고 마음을 추스르려는 것이었을까? 그저 봄날의 정취에 흠뻑 빠져보려 했던 것일까? 아무러면 어떠하겠는가? 지금 이 순간이 고요하고 평화롭기만 한 것을. 무언가를 생각하고 찾았더라도 그 생각마저 잊어버렸으리라. 앞서 언급한 두 개의 '맑을 청淸'자가 봄의 싱그러움을 보여주고, 제3구의 '누울 와臥'자가 시인의 여유로움을 보여주고, 제4구의 '놓을 방放'자가 앞에 표현된 여유로움과 한가함의 느낌을 더욱 고조시킨다.

현대를 사는 우리는 바쁜 일상을 보내고 있다. 한편으로는 바쁘다는 것을 고마워해야 할지도 모른다. 바쁨이 우리에게 선사하는 것이 많기 때문이다. 나와 가족의 의식주는 바로 그 바쁨이 제공하고 있는 셈이다. 그러나 바쁨이 우리에게서 앗아가는 것도 그에 못지않게 많다. 주변 사람들과의 관계와 여유로운 마음을 자꾸만 앗아가고 있다. 일과를 마친 뒤에도 머리에선 일과를 털어낼 수 없어 몸은 쉬지만 마음은 바쁨에서 벗어날 수 없는 경우가 많다. 시에서처럼 몸뿐만 아니라 마음까지 매이지 않을 때라야 진정한 휴식과 여유를 누린다 할 수 있을 것이다.

시인이 찾았던 맑은 물가 모래밭은 어디일까? 꼭 봄이 아니더라도 시인의 나귀를 빌려 타고 시인이 누웠던 그 모래밭에 몸을 누이고 싶다. 나귀를 빌리지 못한다면 허위허위 걸어서라도 그곳에 가고 싶다. 그곳에서 지는 석양뿐 아니라 떠오르는 달빛까지 맞이할 수 있다면, 시인이 느꼈던 그 여유와 한가로움을 나도 느낄 수 있으리라. 그 옆에 뜻 맞는 벗이 함께 있어도 좋고.

이정원

봄날 풍경

김병연

한 걸음 한 걸음 또 한 걸음 걷다 보니 一步二步三步立
푸른 산 흰 바위 사이사이 꽃이로다 山靑石白間間花
화가 불러 이 경치 그리게 한다면 若使畫工摸此景
저 숲속의 새소리는 어찌 하려나 其於林下鳥聲何

김병연金炳淵, 1807~1863,「풍경을 감상하다賞景」,『김립시집金笠詩集』

김병연이란 이름은 다소 생소할지 몰라도 김삿갓이란 인물을 모르는 사람은 아마 드물 것이다. 늘 삿갓을 쓰고 돌아다니며 풍자와 해학이 담긴 시를 많이 남긴 것으로 유명한 방랑시인 김삿갓의 이름이 바로 김병연이다. 시에 욕설과 조롱을 섞어 상대방

을 풍자하고는 유유히 사라져 버린 일화가 많이 남아 있는데, 그가 누군지 명확하지 않다 보니, 비슷한 부류의 많은 인물이 김삿갓 또는 삿갓 시인으로 전해졌다. 그래서 김삿갓은 방랑시인의 통칭이 되기도 하였다.

이 시는 해학이나 풍자와는 상관없이 봄날의 풍경을 시각과 청각을 모두 살려 표현하였다. 어느 봄날 뚜벅뚜벅 천천히 산에 오르는데, 따뜻한 기운을 받고 돋아나는 나무의 새순은 초록빛을 토해내고 화사한 햇살에 비치는 바위들은 유난히 하얗게 빛나고 있으며, 꽃망울은 하나 둘씩 터져 겨우내 간직했던 자신만의 색채를 내보이고 있다. 한 폭의 산수화를 걸어 놓은 듯하다. 멋진 그림으로 이 경치를 간직하고 싶지만 솜씨 좋은 화공도 수풀 사이에서 경쾌하게 지저귀는 새소리는 담지 못할 듯하다.

전혀 어렵지 않은 글자들을 평범하게 나열하면서도 풍경을 그림처럼 묘사하였고, 마지막 구절에서는 글에 새소리도 담아내는 절묘함까지 보인다.

김병연은 안동 김씨 양반 집안의 자손으로 어려서부터 뛰어난 재능을 보였다고 한다. 한때 과거를 준비하며 공부를 하였던 그가 방랑의 길로 접어든 것은 자신도 몰랐던 아픈 가족사가 있었기 때문이다. 홀어머니를 모시고 강원도 영월에 살던 김병연은 지방 시험에 응시하였다. 홍경래洪景來의 난 때에 맞서 싸우지 않고 투항한 죄로 멸족을 당했던 선천부사 김익순金益淳을 논하라는 시제에서 김익순을 강하게 비판하며 조롱하는 글로 장원급제를 하였다. 그러나 이후 어머니로부터 김익순이 자신의 할아버지이며, 할아버지의 일로 집안이 몰락하여 몰래 숨어 살았다는 이야기를 듣게 되었다. 그 후 조상을 욕되게 하였다는 자책과 폐족이라는 처지를 비관하여 가족을 등지고 방랑의 길에 접어든 것이다

그가 개성에서 하룻밤 머물기를 청하다 땔감이 없어 재워 주지 못한다는 핑계로 문전박대를 당하자 지은 시가 있다.

고을 이름은 개성인데 어찌 문을 걸어 닫고	邑號開城何閉門
산의 이름은 송악인데 어찌 땔감 없다 하나	山名松嶽豈無薪

성을 열었다는 의미의 '개성開城'이란 땅에서 어찌 문을 열어 주지 않으며, 소나무가 있다는 의미의 '송악산松嶽山' 자락에서 어찌 땔감이 없다 핑계를 대느냐며 이름을 가지고 야박한 인심을 풍자하였다.

아픈 가족사를 지닌 그의 삶을 생각해 보면 그의 해학 속에도 왠지 모를 슬픔이 서려 있는 듯하다.

이정원

꽃 피는 좋은 시절 흥취는 도도해라

신광한

청명과 한식 그리고 삼짇날까지　　清明寒食又三三
좋은 명절 연이으니 나그네 흥취 진진하다　　佳節相仍客興酣
이 늙은이 풍류가 본래 가볍지 않건만　　老子風流元不淺
여러 공의 기세는 몹시 감당키 어렵구나　　諸公鋒穎儘難堪
풍광 좋은 강산에는 지은 시들 쌓여 가고　　江山好處詩爲壘
술자리 벌여 놓으면 기어이 싸워 이기려 하네　　鐏酒開時戰必戡
더딘 걸음 괜스레 뒤처진 게 가소로운데　　可咲蹇跚空殿後
날랜 행렬 강남을 건넜단 말 취중에 듣네　　醉聞飛旆渡江南

신광한申光漢, 1484~1555, 「상사일에 뒤미쳐 봉산에 당도하였는데 원접사가 황주에 있다는 소식을 듣고 우스갯소리를 적어 보내며 종사관들에게도 아울러 보이다

上巳日 追到鳳山 聞遠接使在黃州 錄奉戲語 兼示諸從事」, 『기재별집 企齋別集』

1539년중종34 명明나라가 태자를 책봉하고 황자皇子들을 왕으로 봉한 일을 알리는 진하사進賀使로 정사正使 화찰華察과 부사副使 설정총薛廷寵을 조선에 보낸다. 이때 조선에서는 사대事大의 예를 다하기 위해 원접사遠接使 소세양蘇世讓과 영위사迎慰使 성세창成世昌 등을 동원하였다. 당시 신광한은 성균관 대사성成均館大司成을 지냈는데 문장이 뛰어나다는 평판이 있어 도사 선위사都司宣慰使에 선발되었다. 위 시는 이 무렵에 신광한이 지은 것이다.

삼월, 따스한 바람이 불고 꽃이 피는 계절이다. 청명淸明, 한식寒食, 삼짇날이 연이어 든 해라 시인을 더 들뜨게 한다. 청명은 24절기 가운데 하나이다. 춘분春分 뒤 15일쯤 되는 날로 답청踏靑 봄 소풍·식수植樹·성묘省墓·삽류揷柳 버드나무 가지를 꺾어 머리에 꽂는 것 등의 풍속이 있다. 한식은 동지冬至 뒤 105일째 되는 날로 불에 익힌 음식을 먹지 않는 풍속이 있다. 그런데 청명도 동지에서 여섯 절기, 즉 105일쯤 지난 날이기에 청명과 한식은 서로 겹치기도 하고 하루 차이가 나기도 한다.

삼짇날은 본래 3월의 첫째 사일巳日인 상사일上巳日을 가리켰다. 그런데 진晉나라의 왕희지王羲之가 3월 3일이 상사일이 되는 해에 사안謝安, 손작孫綽 등 당대의 명사 40여 명과 함께 회계會稽 산음山陰의 난정蘭亭에 모여 굽이진 물길에 술잔을 띄우고 시를 읊으면서 성대한 풍류놀이를 한 뒤로 3월 3일을 상사일로 삼아 이러한 곡수유상曲水流觴의 모임을 갖는 풍속이 생겨나게 되었다.

명칭이야 어떻든 봄이야말로 한 해 중에 얼마 안 되는 빛나는 계절이 아니던가? 산천에는 개나리, 진달래, 목련, 앵두꽃, 복사꽃 등등 보는 이들을 유혹하는 온갖 꽃들이 피어나고 따스한 햇살과 부드러운 바람이 얼굴과 목을 간지럽힌다. 이런 때 어찌 시를 짓지 않고 술을 마시지 않을쏜가? 다만 나는 이미 백발 성성한 노인이라 젊은 종사관들의 기백을 따라가기 어려울 뿐이다. 몸도 마음도 예전만 못해 한스럽다. 이 시로 늦게 뒤따라가게 된 데 대한 변명이 될 수 있을는지…….

시제詩題에서도 알 수 있는 것처럼 신광한은 황주강黃州江을 사이에 둔 남쪽의 봉산鳳山에 막 도착했다. 그리고는 먼저 강을 건너 황주에 당도한 원접사 일행에게 농담과 겸사謙辭를 섞어 늦게 합류하게 된 사정을 말하고 있다. 읽는 이로 하여금 미소 짓게 하는 모습이다.

겨우내 움츠러들었던 만물이 기지개를 켜는 봄이 되면 세상은 잃어버렸던 색깔을 다시금 되찾게 된다. 따스한 바람과 다투어 피는 꽃들을 바라보고 있노라면 추위에 날카로워졌던 우리의 마음 역시 너그러워지곤 한다. 나이가 들수록 봄이 주는 느낌이 봄에 마음이 서글퍼지는 상춘傷春 쪽으로 기울기도 하지만 봄 풍경을 감상하는 상춘賞春의 즐거움 또한 놓치고 싶지는 않다.

❀ 변구일

술을 벗하며 태평 시절 노래하네

이진망

흰 머리로 궁벽한 산속에서	頭白窮山裏
나 홀로 한가로이 즐거워한다	婆娑獨自娛
맑고도 그윽한 풍광 있을 뿐	淸幽大抵有
떠들썩한 세상 소리 전혀 없다네	喧鬧一齊無
술 얻으니 꽃이 마시라 권하고	得酒花相勸
시 읊으니 새가 함께 지저귀누나	吟詩鳥共呼
더욱 흐뭇한 일은 북창 아래서	尤欣北窓下
저물녘에 빈 술병 베는 거라오	日暮枕空壺

이진망李眞望, 1672~1737, 「술잔을 마주하고 백거이 시집의 운자를 뽑다對酒拈白集韻」, 『도운유집陶雲遺集』

궁벽한 산속에 사는 백발의 노인이 있다. 한가로이 산수山水 속에 소요逍遙하면서 조용하고 담박한 삶을 즐긴다. 맑고도 그윽한 풍광은 황혼에 접어든 인생에 어울리는 옷과 같고 시끄러운 세상일은 하얗게 세어 버린 머리카락처럼 빛깔을 잃었다. 찾아오는 벗이 없어 술상 마주할 이는 없지만 곁에서 웃고 있는 꽃들이 술 마시라 권하고, 외로이 앉아 시를 읊조리노라면 나뭇가지에 앉은 새들이 정겹게 지저귀며 시심詩心을 부추긴다. 잔 들고 시 읊는 사이 어느덧 뉘엿뉘엿 저무는 석양이 하늘을 물들이면 시는 쌓이고 술기운은 거나해져 북창 아래서 맑은 바람 쐬며 태곳적 희황羲皇 시대 사람이라 말하던 도연명陶淵明처럼 다 마셔 버린 술병을 베고 깊은 잠이 든다.

이진망은 영의정과 대제학을 지낸 백헌白軒 이경석李景奭, 1595~1671의 증손이다. 그 역시 대제학을 지내고 예조 판서까지 올랐는데, 술을 유독 좋아하였던 모양이다. 시제詩題에 보이는 '백거이 시집의 운자'는 당唐나라 때 시인 백거이白居易의 「유몽득이 와병한다기에 술을 들고 찾아가면서 먼저 이 시를 부치다 夢得臥病 携酒相尋 先以此寄」라는 시를 가리킨다. 이 시는 백거이가 벗 유우석劉禹錫이 병들었다는 소식을 듣고 술 한잔 하자며 노래하는 내용으로 장난기가 가득 묻어나는 시이다.

이진망의 문집에 수록된 시 가운데는 술을 읊은 시가 적지 않은데 그 내용을 보면 애주가愛酒家로서의 다양한 면모를 볼 수가 있다.

「술을 대하며對酒」에서는 식사하면서 반주를 마시다 갑자기 흥이 일어 한 잔이 다음 잔을 부르는데 결국에는 생선회까지 곁들이고 입이 원하는 대로 거푸 술잔을 비우며 과음도 꺼리지 않는다고 노래하였고, 「한밤에 술을 대하며夜裏對酒」에서는 예순 나이에 마음은 텅 비어 어떤 일에도 관심이 없는데 술잔만 보면 군침이 돌면서 마음이 들뜬다고 했다.

한편 「밤중에 취해 일어나다夜中醉起」에서는 취해 쓰러져 자다가 술이 모자랐는지 일어나서는 술병에 술이 남은 것을 기뻐하며 마저 비운다고 노래하였고, 「새벽에 일어나 술을 먹다曉起飮酒」에서는 닭 우는 소리에 문득 깨어 일어나 보니 산은 온통 새하얗게 눈으로 덮여 있고 새벽 한기가 몸을 오그라들게 하는데 무료한 마음 달랠 길 없어 화로火爐를 끼고 술잔을 데운다고 했다.

이처럼 그는 시에서 호젓하게 혼자 앉아 술을 먹는 정경을 자주 묘사하였다. 북송北宋의 유학자 소옹邵雍은 항아리로 창을 낸 누추한 집을 지은 뒤 안락와安樂窩라 명명하였다. 그리고 그 안에 들어앉아 새벽에는 향을 피우며 고요히 정좌靜坐하고, 하루의 대부분은 책을 읽으며 한가로이 지내다가 저물녘이 되면 몸이 살짝 따뜻해질 정도로 서너 잔의 술을 마셨다고 한다. 학문에 매진하는 삶 속에서 술을 벗하는 것도 지나치지만 않다면 멋있는 일이 아닐까?

변구일

소 타는 즐거움

양팽손

소 타는 것 좋은 줄을 몰랐었더니	不識騎牛好
말이 없고 보니 오늘에야 알겠어라	今因無馬知
저물녘 향기로운 풀 어우러진 길을	夕陽芳草路
봄날도 함께 느릿느릿	春日共遲遲

양팽손梁彭孫, 1488~1545, 「우연히 읊다偶吟」, 『학포집學圃集』

조선 전기의 학자이자 문신인 양팽손의 작품이다. 소를 타고 가는 저자의 모습에서 느림과 여유를 느낄 수 있다. 먼 옛날의 모습이지만 '느림'이라는 느낌 속에 저물녘 향기로운 풀이 자라난 길이 멀리 있어 보이지 않고, 오히려 천천히 눈앞으로 다가오는

듯하다.

오늘날 우리는 '빠름, 빠름'을 수도 없이 외치며 살아가고 있다. 국가 정책이건, 제품 광고건, 학습 방법이건 빠름만이 경쟁력인 양 소리 높여 말하고 있다.

전통문화가 단절된 일제강점기의 내상이 미처 치유되기도 전에 한국전쟁이라는 지울 수 없는 외상을 입은 우리나라는 몸과 마음이 모두 만신창이가 되었다. 이런 상황에서 '국가재건'이라는 거국적 기치 아래 주위는 전혀 돌아보지 않고 오직 전진만을 강조하게 되었다. '하면 된다'는 각오와 '중단없는 전진'을 요구하는 시대의 흐름 속에서 사람들은 '바쁘다, 바빠.'라는 말을 입에 달고 살았고 내 갈 길만 바빠 옆은 돌아보지를 않았다. 주위를 돌아보다 보면 내 갈 길이 더뎌진다는 생각 때문이었으리라.

그러다 보니 자연 '느림'과 '멈춤'은 배우지 못한 것 같다. 언제나 빨리 하면 칭찬을 받다 보니, 차를 운전하다가도 누군가가 자기 차를 추월하면 괜히 기분이 나빠져 속도를 높이는 경우도 있다.

세상도 빨리 변화하고 있다. 어느 학자는 인간의 역사가 시작된 시점부터 이루어졌던 모든 변화보다 최근 100여 년의 변화가 더욱 가파르다고 말하기도 하였다. 디지털의 지배를 받는 세상 속에서 어제 생산된 제품이 오늘 벌써 구식이 된다. 사람들 간의 속도 차이로 격차는 점점 더 벌어지고 있으며, 갈등의 단계를 지나 어느새 서로 소통조차 불가한 상태가 되고 있다.

이제는 사람들도 지쳐 버린 듯하다. 그래서인지 얼마 전부터 '힐링'이라는 말이 세상의 화두가 되었고, '멈추면 비로소 보임'을 강조하는 책들이 인기를 얻고 있다. 사람들도 이제는 아는 듯하다. 자신이 멈추지 않고 있으므로 힘들다는 것을. 빨리 지나갈 때는 보이지 않는 것들이 걸음을 늦추거나 멈추고서 돌아볼 때 비로소 보인다는 것을.

위 시 외에도 소를 타고 가는 여유로움을 보여 주는 또 한 편의 노래가 있다. 우리가 익히 알고 있는 정철鄭澈의 시조이다.

재 너머 성권농 집에 술 익단 말 어제 듣고
누운 소 발로 박차 언치 놓아 지즐타고
아이야 네 권농 계시냐 정좌수 왔다 하여라

현대인의 일상은 여유만으로는 살기가 어려울지도 모른다. 그러나 진정 소중한 것을 놓치지 않기 위해서는 가끔은 일부러라도 속도를 늦추거나 걸음을 멈추고서 주위를 돌아볼 필요가 있을 것이다. 빨리 가면 먼저 도달할 수는 있지만 결코 함께 갈 수는 없다고들 말한다. 지금은 소를 타고 친구를 찾아갈 수는 없겠지만, 잠시 일상을 멈추고서 옛 친구를 찾아 추억 속에서 여유를 찾아보면 어떨까 싶다. '느림, 느림'을 되뇌이며…….

❁ 이정원

매화를 전별하다

신호열

나는 본시 이별을 안타까워하는 사람이라	我本恨別人
매화를 위하여 한잔 술을 따르노라	爲梅酌一觴
그대의 푸른 비단 장막에 의지하고	倚君碧紗帳
그대의 희디흰 명주 치마 붙잡았네	摻君練素裳
예로부터 이별이 한둘이 아니었으나	古來別非一
이번 헤어짐이 가장 잊기 어렵구나	此別最難忘
나는 매화와 고결함을 함께하니	我與梅同潔
벗으로 삼기에 마침 알맞네	爲友相稱當
그대는 막고야 선녀의 피부처럼 깨끗하고	君是姑射膚
나는 광평의 심장처럼 굳세어라	我是廣平腸
언제나 가까이 두어 처라 부르고	呼妻視昵侍

동료처럼 보아서 형이라 불렀네 呼兄視輩行

신호열辛鎬烈, 1914~1993,「매화를 전별하다餞梅花」,『우전선생일고雨田先生逸稿』

우전雨田 신호열 선생은 한국고전번역원의 전신인 민족문화추진회 국역연수원에서 교수를 역임한 한학자이다. 선생의 한시漢詩는 송시宋詩에 섞어 놓아도 구별하기 어려울 정도로 뛰어나다는 평을 받았으며 한시 번역에 있어서도 독보적이라는 찬사를 받았다.

1991년 봄, 평소에 아끼던 매화 화분의 꽃이 시들자 선생은 이를 안타까워하며 시를 지으셨다. 전체 작품은 116구나 되는 장편 오언고시로 위의 시는 그 첫 부분이다. 한 구절씩 생각날 때마다 수업 시간에 학생들에게 불러주시고 앞뒤로 어떻게 호응이 되는지 왜 이 글자를 이 자리에 놓았는지를 설명해 주셨다. 그리고 매화와 관련된 고사를 거의 다 담았으니 공부하기 좋을 것이라고 하셨다. 덕분에 한시가 지어지는 과정을 옆에서 구경할 수 있었지만 저런 생각을 글만 보고 후인이 어떻게 번역하겠는가 싶어 한시 번역을 지레 단념하기도 했다. 그때 하신 말씀은 대부분 잊었으나 봄마다 피는 매화와의 이별조차 아까워하며 시에 담고자 했던 그 섬세한 감성은 이제야 조금이나마 이해가 되는 듯하다.

본시는 제목부터 그냥 '이별하다', '보내다'가 아닌 '전별하다'라는 표현을 써서 특별히 자리를 마련해 예를 다해 보낸다는 정중한 의미를 담고 있다. 첫 구절은 자신에 대한 선언이자 시 전체의 주제를 천명한 부분이다. 마치 긴 판소리를 시작하기 전 두둥 하고 북소리를 울려 주의를 집중시키는 느낌이다. 원문의 벽사장碧紗帳이나 연소상練素裳은, 당시 매화분梅花盆 뒤에 수십 개의 푸른 난 화분이 있었고 또 그 상에 흰 보자기가 덮여 있었던 모습을 묘사한 것이다. 실제 여러 한시에 벽사碧紗나 연소練素란 시어가 자주 쓰이기도 하므로 허투루 놓은 글자가 아니다. 매화의 모습이 푸른 장막에 기대어 흰 명주 치마를 움켜쥐고 떠나려는 여인의 모습 같지 않느냐며 참 매정하다고 탄식하셨다.

또 다섯째 연의 광평장廣平腸은, 당나라 재상이었던 광평공 송경宋璟이 굳센 기질로 철석같은 심장을 지녔다 하여 광평장이라 불렸는데 뜻밖에 감성이 풍부한 「매화부梅花賦」를 지어 세상을 놀라게 한 일화가 있으므로 당신에 비겨 가져온 것이다. 이 시의 한 글자 한 구절이 모두 전거와 사연을 담지 않은 것이 없었다. 매화를 아내 삼아 벗 삼아 차마 손도 대지 못하다가 이별을 슬퍼하면서 평생의 필력을 기울여 장편의 시를 지어 전별하는 늙은 시인의 모습이 눈앞에 선하다.

선생은 이 시를 짓고 이태 후 봄에 돌아가셨다. 매일 쓰다듬으시던 난과 매화는 어디로 흩어졌는지 모르겠다.

김성애

볼락어

김려

달 지고 까마귀 울어대는 바다는 어둑한데　　月落烏嘶海色昏
밤중에 불어난 밀물은 사립문을 두드릴 듯하네　　亥潮初漲打柴門
멀리서도 볼락 파는 배 도착한 줄 알겠으니　　遙知乶犖商船到
거제 사공 물가에서 볼락 사라 소리 지르네　　巨濟沙工水際喧

김려金鑢, 1766~1821,「볼락어甫鱺魚」,『담정유고藫庭遺藁』

위의 시는 볼락어를 노래한 것으로 김려의『담정유고』「우해이어보牛海異魚譜」에 실려 있다. 저물녘 바닷가 마을에 밀물이 대문 앞까지 들어올 듯 밀려오는 모습이 눈앞에 펼쳐지고, 이를 배경으로 멀리서 볼락 파는 거제 뱃사공의 장사 소리가 들려오는 모

습을 상상해 보면 어촌의 일상적인 평화와 활기가 느껴진다.

우해牛海는 진해鎭海의 별칭으로 김려가 유배 생활을 하던 곳이다. 김려는 1797년에 강이천姜彝天의 유언비어 사건에 연좌되어 부령富寧에 유배되었다가 1801년 진해로 옮겨졌는데 이때부터 「우해이어보」를 쓰기 시작하여 1803년에 완성하였다.

「우해이어보」 서문에 다음과 같은 내용이 보인다.

> 물고기 가운데 괴상하고 신기한 것들이 이루 헤아릴 수 없을 정도로 많다. 바다가 뭍보다 넓고 바다에 사는 물고기가 뭍에 사는 짐승보다 많다는 것을 비로소 알게 되었다. 그리하여 한가한 날 붓을 놀려 생각나는 대로 그 생김새와 빛깔, 성질, 맛 같은 것을 모두 기록하였다. 그러나 능어, 잉어, 상어, 방어, 연어, 오징어처럼 누구나 다 아는 것이나 바다말, 바다소, 바다개, 바다돼지, 바다양처럼 물고기라고 하기 어려운 것들과 자질구레하여 형용하기조차 어려운 것, 그리고 방언으로 된 이름은 있으나 무슨 뜻인지 모르겠고 비속하여 알 수 없는 것은 다 빼 버리고 적지 않았다. 이렇게 적어 둔 것이 한 권인데 이제 다시 정리하여 '우해이어보'라고 이름 붙였다.

그는 한가한 때에 낚시를 다니기도 하고 어부에게 묻기도 하며 물고기의 생김새와 빛깔, 성질, 맛을 기록하였다. 어류와 조개류, 게와 같은 갑각류까지 약 70여 종에 대해 시와 함께 그 모양과 특성을 자세히 기록한 「우해이어보」는 정약전丁若銓의 『자산어보玆山魚譜』와 함께 우리나라 전통 어종을 연구할 수 있는 귀중한 자료로 평가받고 있다.

볼락어에 대해서는 "보라어甫羅魚는 모양이 호서湖西에서 나오는 황새기黃石魚와 비슷한데 매우 작으며 색깔은 옅은 자색이다. 주민들은 보락甫鮥이라고 부르거나 볼락어乶犖魚라고 부른다. 우리나라 방언에 옅은 자색을 보라甫羅라고 하는데 보甫는 곱다는 뜻이니, 보라는 고운 비단이라는 말이다. 그렇다면 보라어라는 이름은 필시 여기서 나왔을 것이다. 진해의 어부들이 종종 그물로 잡기는 하나 많이 잡지는 못하고, 해마다 거제 사람들이 볼락어를 잡아 젓을 만들어서 수백 통씩 배에 싣고 항구에 와서 팔아 생삼과 바꾸어 간다. 거제도에는 이 고기가 많이 나지만 삼이나 모시는 매우 귀하기 때문이다. 젓갈은 맛이 약간 짜면서도 쌀엿처럼 달콤하며 접시에 담으면 깨끗하니 색깔이 매우 좋다. 싱싱할 때 구워 먹으면 약간 모래 냄새가 난다."라고 자세히 설명하였다. 우리말을 지나치게 한자 의미대로만 해석하려는 무리수가 보이기는 하지만 당시 진해, 거제의 풍속과 생활상을 생생하게 알려주고 있다.

볼락어는 현재에도 남해안 일대에 분포한다. 3~4월이 제철인데 회나 매운탕거리로 인기가 높다.

❁ 김성애

내 눈에 걸린 초승달

정온

어디에서 나온 거니? 來從何處來
어디로 기우는 거니? 落向何處落
눈썹같이 가는 달 곱기도 한데 姸姸細如眉
하늘과 땅 사이를 두루 비추네 遍照天地廓

정온鄭蘊, 1569~1641, 「초승달을 보며見新月」, 『동계집桐溪集』

조선 중기의 문신 동계桐溪 정온은 임진왜란, 정묘호란, 병자호란을 다 겪은 선비이다. 남명南冥 조식曺植의 학맥을 이은 동계는 유학의 가르침에 따라 올곧게 살려고 노력한 인물이다.

이 시를 언제 지은 것인지는 모르지만 시가 참 아기자기하다.

어찌 보면 어린아이 때 지은 동시 같기도 하고, 어찌 보면 파란 많은 세월을 다 겪고 존재의 생성과 소멸에 대해 깊이 성찰한 시기에 지은 철학시 같기도 하다.

70세 때인 무인년1638 봄, 병자호란을 겪으며 지친 그는 여생을 초야에 숨어서 지내리라 마음먹는다. 그리고 덕유산德裕山 남쪽 골짜기인 '모리某里'로 들어간다. 모리란 이름은 예전 사람이 이곳에 어울리는 마땅한 이름을 찾지 못해 붙인 것이라고 한다. 골짜기가 깊지도 않고 산이 높지도 않아 밖에서 보면 골짜기가 있는 줄도 모를 정도인 곳이다. 지대가 평평하지만 아래에서 보면 평평한 줄을 모르고, 볼만한 경치도 뚜렷한 방위도 말할 수 없어 그저 '어떤 마을'이라는 뜻의 '모리'라는 이름을 얻은 곳. 이 시는 어쩌면 이곳 모리에서 지은 것일지도 모르겠다.

시인은 초승달을 보고 묻는다. 어디에서 왔느냐고. 또 지면 어디로 가느냐고. 그리고 가녀린 모습으로도 제 빛이 필요한 곳이면 구석진 곳까지 두루두루 빛을 전하는 것을 보고 흐뭇해한다.

달은 날마다 다른 얼굴을 하고 있는데, 모양에 따라 보는 사람이 받는 느낌은 다르다. 보름달을 볼 때면 마음이 원만해지고 넉넉해지면서 둥근달처럼 모든 것이 원만하게 이루어지기를 기도하게 된다. 하지만 초승달을 보면서 소원을 빌게 되지는 않는 듯하다. 어쩌면 기도할 마음의 준비를 하기도 전에 그 고운 모습에 매료되어 버리기 때문인지도 모르겠다. 낚싯바늘 같은 모양새를 하고 가만히 하늘 한편에 걸려 있다가 저녁 일을 마치고 집으로 돌아가는 이의 눈길을 한 번에 낚아채곤 하는, 초승달.

덜어낼 것을 다 덜어낸 후 아직도 세상에 웃을 일은 많이 남았다는 듯 실눈을 뜨고 웃는 모습은 보름달만큼이나 여유롭다.

처음 생겨난 것은 풀이건, 동물이건, 사람이건 마음을 간질간질하게 만드는 힘이 있다. 시인이 본 그 초승달이 오늘 나의 마음을 간지럽힌다.

하승현

찾아오는 손님 없어 산새와 벗을 하고 外客不來山鳥語

대밭으로 평상 옮겨 누워서 책을 보네 移床竹塢臥看書

제2장

여름

선녀의 얼굴

채제공

어렴풋이 보일락 말락 분명치 않아 괴로워라	惚惚冥冥苦未詳
하늘이 나를 놀리려고 일부러 하는 숨바꼭질	天公戱我故迷藏
누각에 기대어 바라보며 못내 상심하던 차에	憑樓一望堪惆悵
단장한 선녀는 한쪽 얼굴만 살짝 보여 주네	玉女微呈半面粧

채제공蔡濟恭, 1720~1799, 「이윽고 연무가 걷혔다 끼었다 하더니 중향의 천 개 봉우리가 얇은 연무 사이로 은근히 비추기에 나도 모르게 기쁜 마음으로 경탄하였다已而 霞氣乍卷乍羃 衆香千峯 隱映輕紗中 尤不覺欣然叫奇」, 『번암집樊巖集』

18세기 조선의 문인이자 정치가인 번암樊巖 채제공은 어려서부터 글을 잘 짓는다는 소문이 자자했다. 예닐곱 살 무렵에 집안

正陽寺

어른이 번암에게 "김 아무개 집안의 아이가 시를 잘 짓는다고 이름이 났는데, 그 아이가 '짙은 안개가 남산을 먹었네.大霧食南山'라는 구절을 지었다더라. 너는 이 수준에 미칠 수 있겠니?"라고 물으니, 번암이 "무엇이 어렵겠습니까?"라고 대답하고는 "다시 토해 남산이 나왔네.復吐爲南山"라는 구절을 지었다고 한다.

24세의 나이로 과거에 합격하여 비교적 평탄한 관직 생활을 하던 번암은 1754년 정월에 북평사北評事로 부임하였다. 육진六鎭의 변방을 순시하면서 강대국에 억눌린 약소국의 현실에 비분강개하기도 하고, 차가운 삭풍朔風을 무릅쓰고 업무를 수행하며 나그네의 쓸쓸한 회포를 표현하기도 하였다.

음력 4월에 이르러 비로소 임무를 마치고 귀경길에 오르는데, 돌아가는 길인지라 비교적 여유롭게 명승지를 찾아 유람할 수 있었다. 칠보산七寶山에 들어가 기암괴석을 감상하였으며, 안변安邊 바다에 배를 띄워 국도國島를 유람한 뒤에, 남쪽으로 내려와 삼일포三日浦를 둘러보고 금강산에 들어갔다.

번암이 금강산 입구에 도착한 것은 음력 4월 14일이다. 금강산의 동남쪽 백천교百川橋를 거쳐 유점사楡岾寺에서 하루를 묵고, 만경동萬景洞 계곡을 거쳐 마하연摩訶衍을 방문하여 하루를 묵으면서 보름달이 비치는 중향성衆香城의 절경을 감상한 뒤에 정양사正陽寺에 이르렀다. 정양사에 도착한 날은 하루 종일 비가 내리고 운무雲霧가 짙게 끼었다. 내금강內金剛의 전경全景을 한눈에 감상할 수 있다는 정양사에 도착했건만, 궂은 날씨로 일만 이천 봉을 볼 수 없는 상황이었다. 하지만 하늘의 도움인가? 저녁 무렵 비가 그치고 운무가 잦아들기 시작하였다. 이 시는 바로 이 순간, 모습을 살짝 드러낸 일만 이천 봉의 모습을 표현한 것이다. 일만 이천 봉을 보고자 하는 나그네의 애타는 심정, 보여줄까 말까 놀리는 듯한 조물주의 장난스러움, 낙담하여 포기한 순간 선녀의 얼굴인 양 살짝 드러내는 산의 모습, 이 모든 것이 절묘하게 묘사되어 있다.

비와 운무로 심술을 부리던 날씨가 이튿날 맑게 개었다. 아침 일찍 일어난 번암은 정양사의 헐성루歇惺樓에 올라 일만 이천 봉의 전경을 마주한 감회를 「이튿날 아침 비가 개어 헐성루에 오르다翌朝雨霽登歇惺樓」라는 시로 다음과 같이 읊었다.

일찍 일어나 난간 기대니 비로소 시야 툭 트이고 早起憑欄始豁然
골짝 구름 피어오르는 드넓은 창공엔 해가 걸렸네 洞雲寥廓日輪懸
맑고 밝은 본체가 일찍이 손상된 적이 있었던가 虛明本體何曾損
변함없이 하늘로 높이 솟은 일만 이천 봉이여 依舊叢霄萬二千

옛 사람들은 글이나 그림을 통해 유람을 간접 경험하는 것을 '와유臥遊'라고 불렀다. 번암의 시를 통해 누워서 금강산을 유람하는 것으로 마음을 달래 본다.

양기정

한가로이 지내며

길재

개울 옆의 떠풀 집에 한가히 혼자인데　臨溪茅屋獨閑居
밝은 달과 맑은 바람 흥취가 넘치누나　月白風淸興有餘
찾아오는 손님 없어 산새와 벗을 하고　外客不來山鳥語
대밭으로 평상 옮겨 누워서 책을 보네　移床竹塢臥看書

길재吉再, 1353~1419, 「뜻을 적다述志」, 『야은집冶隱集』

길재는 고려 말기의 문신으로 호가 야은冶隱이다. 이성계李成桂, 정도전鄭道傳 등이 고려를 무너뜨리고 새로운 나라를 건국하려 하자 늙은 어머니를 모셔야 한다는 핑계로 물러나 은거하며 절의를 지켰던 인물이다. 위 시에도 미련 없이 속세를 떠나 한가

로이 지내는 시인의 모습이 잘 나타나 있다.

위 시는 『동문선東文選』과 『용재총화慵齋叢話』 등에는 「한가로이 지내다閑居」라는 제목으로 수록되어 있다. 조선의 조정에서 예우를 갖추어 불렀지만 끝내 거절하였던 절의를 생각하면 「뜻을 적다」도 좋겠지만 한 단계 더 나아가 세상일에 초탈했던 풍모를 생각해 보면 「한가로이 지내다」가 좀 더 어울릴 듯하다.

시골의 조용한 개울가에 작은 초가집을 짓고 혼자 살고 있다 보면, 시원하게 불어오는 바람, 환하게 비추는 달빛에 삶의 흥취가 절로 난다. 세상과 등지고 살고 있어 찾아오는 손님 하나 없지만 언제나 산새가 옆에서 지저귀니 외롭지도 않고, 시원한 대나무 그늘 평상에 누워 책을 볼 수도 있으니 이보다 한가로울 수는 없다.

은거하며 절의를 지켰던 길재의 삶이 마냥 한가로웠다고 하기는 어렵겠지만 이번 감상에서는 「한가로이 지내다」라는 제목에 집중하여 시대상과 배경에 대해서는 잠시 접어 두고자 한다. 절의를 표현했다고 거창하게 의미를 부여하기보다는 그냥 한가한 어느 한때를 즐기는 모습이 현대를 사는 우리들에게 더 많은 느낌을 줄 것 같기 때문이다.

현대인들 특히 도시인들은 건물 숲 속에서 늘 바쁘고 여유가 없다. 휴가 기간조차도 평소보다 더 많은 사람들의 틈바구니에서 정신없이 시간을 보내기도 한다. 한가하게 여유를 즐기지 못할 형편이라면 잠시나마 눈을 감고 나무그늘 아래 평상에 누워 있는 상상을 해 보는 정도라도 여유를 가져 보면 좋을 것 같다. 이 시를 읽다 보면 시의 내용이 자꾸만 그림으로 떠오른다. 그림에 조금 재주가 있는 사람이라면 시의 전개에 따라 화폭을 채워도 멋지고 편안한 작품이 완성될 듯싶다. 물 흐르는 작은 시내 곁에 외따로 있지만 외로워 보이지 않는 작은 초가집을 그리고 위쪽에는 밝은 달을 채워 넣는다. 바람에 살포시 흔들리는 대나무 근처로 이름 모를 산새 몇 마리가 날고 있고 대밭 아래 조그만 평상에는 아무렇게나 누워 책을 보고 있는 나를 그린다. 그림 속에 누워 있는 나를 상상해 보라.

이정원

스스로에게 달렸을 뿐

김종직

흰 도포 선비들 오늘 제 때를 만났으니　白袍今日正逢場
노란 홰나무 꽃 필 무렵이라 감회가 더욱 깊으리라　欲及槐黃意更長
시험 결과에 대해 가벼이 논하지 말라　得失莫將容易議
갓끈 씻고 발 씻는 것 모두 창랑에 달렸나니　濯纓濯足在滄浪

김종직金宗直, 1431~1492, 「진주의 응시생들이 도회시를 치르던 날 목사가 시를 지었기에 차운하다晉州學子都會試日 牧使有詩 次韻」, 『점필재집佔畢齋集』

조선 초기의 문신이자, 도학자인 김종직의 시이다. 김종직의 자는 계온季昷, 호는 점필재佔畢齋, 본관은 선산善山이다. 그는 신진사류新進士類를 길러내 사림士林의 영수로 추앙을 받았다. 이

西門
衙舍
北門

시는 그가 함양 군수咸陽郡守로 재직하고 있을 때, 인근 진주晋州에서 열린 도회시都會試에 시관試官으로 참석해서 지은 것이다. 도회시는 지방 유생儒生의 학업 장려를 위해 실시하는 시험으로, 각 도의 관찰사가 주관하였다. 여기서 합격하면 생원시生員試나 진사시進士試를 거치지 않고 바로 그보다 상급 시험인 회시會試에 응시할 수 있는 특전이 주어졌다.

제1구에서는 과거에 응시하는 유생들이 하얀 도포를 입고 기대에 찬 얼굴로 시험장에 모인 풍경을 그렸다. 유생들로서는 벼슬길로 한 걸음 더 다가설 수 있는 좋은 기회이기 때문에, 그동안 갈고 닦은 솜씨를 유감없이 발휘해 보려고 할 것이다. 제때를 만났다는 표현에서 그런 생동감이 느껴진다.

제2구의 노란 홰나무 꽃은 음력 7월경에 피는 꽃으로, 주로 과거 시험이 치러지는 시기를 비유하는 말로 쓰인다. 당唐나라 때 장안長安의 응시생들 중에 낙제한 자들이 고향에 돌아가지 않고 도성 근처에서 거주하면서 그해 7월에 새로 지은 문장을 재차 헌상獻上하였다. 마침 이때가 홰나무 꽃이 한창 노랗게 피는 무렵이라 이런 고사가 있게 된 것이다. 이 구는 본 과거가 치러지는 시기가 가깝기 때문에 더 의미가 새로울 것이라는 의미를 담고 있다.

제4구의 갓끈을 씻고 발을 씻는다는 표현은 『맹자孟子』에서 유래하였다. 공자孔子가 제자들과 함께 있을 때 어떤 동자의 노랫소리가 들려왔다.

"창랑의 물이 맑으면 내 갓끈을 씻고, 창랑의 물이 흐리면 내 발을 씻으리라."

그러자 공자는 제자들에게 그 노래를 들어 보라고 하면서 말했다.

"물이 맑으면 갓끈이 들어오고, 물이 흐리면 발이 들어오니, 모두 물이 자초하는 것이다."

결국 과거 시험의 결과도 자신들이 얼마나 노력했느냐에 달린 것이니, 이러쿵저러쿵 논란할 필요가 없다는 의미이다. 중대한 이해가 걸린 문제에는 쉽게 승복하지 못하는 것이 인지상정이다. 그러나 그런 결과가 도출되는 과정을 살펴보면, 스스로가 불러들인 것이 대부분이다. 이 시는 이것을 강조하고 있다.

권경열

초당에서 보내는 하루

김춘택

초당에 올라앉으면 사립문 열 것도 없어라　升堂不用啓前扉
이미 절로 환히 트여 푸른 산 기대 있네　已自虛明倚翠微
고요하게 서책 읽으며 한여름을 지내고　寂寂携書經盛夏
한가로이 두건 젖히고 석양을 보내노라　悠悠岸幘送斜暉
인가에는 아녀자들 연기 속에 수런거리고　數家婦子煙中語
오솔길엔 소와 양이 수풀 속에 돌아가누나　一逕牛羊草際歸
백성 모두 제 살 곳을 얻게 된다면야　但使蒼生皆得所
늙은 선비 평소 마음 바꾼들 어떠하리　老儒何恨素心違

김춘택金春澤, 1670~1717, 「초당에서 저녁나절 풍경을 바라보다堂中夕望」, 『북헌집北軒集』

廬山草堂

참으로 다사다난했던 지난날이었다. 왕실의 인척이기에 조정에서 멀리 떨어져 거리를 두고 살아왔건만 세상 사람들은 나를 놓아두지 않았다. 서로 놓인 처지가 다른 정치 세력 사이의 알력과 투쟁에 휩쓸려 인생의 전반부를 유배되었다가 풀려나는 일이 반복되는 가운데 보냈다.

그러다 부친을 장사 지낸 광주廣州의 노산蘆山 기슭으로 거처를 옮겼다. 아버지 곁에서라면 지난 시절의 상처들이 조금은 아물 것 같아서였다. 가난한 내 삶에 어울리는 초당을 지었다. 나지막한 사립문이 산속에 포근히 안겨 있는 곳이다. 고요한 산속에서 서책에 푹 빠져 여름의 무더위를 잊기도 하고, 붉게 물든 하늘 아래 서서 저 멀리 지는 해를 바라보곤 한다. 마을에서는 오늘도 밥 짓는 연기 속에서 아녀자들이 두런거리는 소리가 들려오고, 길게 뻗은 작은 길에는 소와 양이 수풀 사이로 총총거리며 제집으로 돌아간다. 조용하고 평화로운 산간의 담박한 일상. 그 옛날 두보杜甫도 자신처럼 곤궁한 천하의 한사寒士들을 따뜻하게 감싸 주고 싶다는 뜻을 아래와 같이 노래하였다.

어떻게 하면 천만 칸 넓은 집을 얻어 安得廣廈千萬間

천하의 빈한한 선비들 크게 감싸 주어 다 기쁘게 하고

大庇天下寒士俱歡顔

비바람에도 끄떡없는 산처럼 평안하게 해 줄까

風雨不動安如山

아, 언제나 눈앞에 우뚝한 이런 집을 보게 될는지

嗚呼何時眼前突兀見此屋

내 집이야 부서져 얼어 죽는다 해도 괜찮으리

吾廬獨破受凍死亦足

나 역시 불쌍한 이 백성들이 넉넉하게 살 수만 있다면 산중 생활이야 얼마든지 버리고 세상에 나갈 수 있으리라.

김춘택이 이 시를 지을 때의 마음이 이러하지 않았을까? 김춘택은 본관이 광산光山으로, 예학禮學에 조예가 깊었던 사계沙溪 김장생金長生의 오대손五代孫이다. 명문가 자제였지만, 정치적 부침에 따라 가문이 화를 입는 것을 목격하였기에 그는 평생 행실을 삼가며 벼슬하지 않는 삶을 택했다.

선비의 출처出處 문제는 전통 시대 문학에서 다양하게 변주되며 다루어지는 주제 가운데 하나이다. 임금과 백성을 위하여 관직에 나가려는 포부와 초야에 묻혀 조용히 학문에 종사하며 지내려는 뜻은 항상 선비의 마음에 갈등을 일으킨다. 산중에 살아도 백성에 대한 걱정을 버릴 수 없는 것이 전통 시대 선비의 숙명이었을 것이다.

변구일

패랭이꽃

정습명

세상 사람들 붉은 모란 사랑하여　　世愛牧丹紅
집안 뜰 가득 심어 가꾸는구려　　栽培滿院中
누가 알까 거친 들녘 풀밭에도　　誰知荒草野
예쁜 꽃들 떨기져 있음을　　亦有好花叢
모습은 마을 연못 달에 어리고　　色透村塘月
향은 언덕 나무 바람에 이는데　　香傳隴樹風
외진 땅에 귀한 분 없어　　地偏公子少
고운 자태 시골 노인이 볼 뿐이네　　嬌態屬田翁

정습명鄭襲明, ?~1151, 「석죽화石竹花」, 『동문선東文選』

모란꽃은 꽃 중의 왕으로 일컬어질 정도로 탐스럽고 아름답다. 그래서 예로부터 사람들에게 많은 사랑을 받았고 아름다운 꽃의 대명사로 꼽히기도 하였다. 시인이 살았던 고려 중기에도 뜰 안 가득 심어 감상할 정도로 사람들의 많은 사랑을 받았나 보다. 그러나 예쁜 꽃이 어찌 모란뿐이겠으며, 곁에 두고 사랑할 만한 꽃이 어찌 모란뿐이겠는가? 시인은 들에 핀 패랭이꽃, 즉 석죽화의 고운 자태를 모란에 못지않다 말하고 있다. 자태는 달빛 아래 연못에 비치어 아름답고 언덕에서 불어오는 바람에 향기가 묻어 나온다. 모란과 비교해도 손색이 없다. 단지 귀한 이가 찾아오지 않는 들판에 피어 시골 늙은이의 눈에나 띌 뿐이다. 알아봐 주느냐 마느냐는 상대에게 달려 있고 미덕은 나에게 있으니 서운해할 것이 없다는 말도 있다지만, 눈에 띄지 못하여 아름다움을 인정받지 못하는 현실이 시인은 안타까웠나 보다.

정습명은 고려 중기의 문신이자 문인으로, 문과에 급제하여 한림학사 등의 벼슬을 지냈는데, 그가 한림원의 벼슬을 제수받게 된 것이 바로 이 시 덕분이었다는 일화가 전한다. 『파한집破閑集』과 『동사강목東史綱目』 등의 기록에 의하면 궁문을 지키는 관리가 이 시를 외자 당시 임금인 예종睿宗이 듣고는 감탄하여 정습명에게 벼슬을 내렸다고 한다. 단 40글자가 출세의 매개가 되었던 것이다. 정습명은 능력은 지녔지만 누구도 알아주지 않아 초야에 묻혀 있는 자신의 모습을 패랭이꽃에 비유하였는데, 결국 이를 통해 왕의 인정을 받게 된 것이다.

예전에는 겸양의 미덕을 갖춘 사람을 인정해 주었는데, 언제부터인가 자신을 잘 드러내고 포장할 수 있어야 제대로 된 대우를 받고 출세를 하는 시대가 되었다. 이러다 보니 겉으로 화려한 것과 완성된 결과만이 주목을 받고, 내재된 역량이나 결과를 이루는 과정은 그다지 주목을 받지 못하고 있다. 하나의 열매가 맺히기 위해서는 눈에 보이지 않는 뿌리가 토대가 되어 양분을 빨아들이고 줄기가 이를 전달하는데도, 그 달콤함에 대한 찬사는 오직 열매만이 차지하고 있다. 화려함과 성과만이 가치 있는 일로 여겨져 주목받기에 기초와 기반이 되는 일들이 등한시되고 있다. 학문 분야에서도 기초 학문이 외면당하고, 산업에서도 1차 산업이 천시되고 있다. 튼튼한 토대가 구축되지 않고 과정이 충실하지 않은 상태의 결실은 부실하기 마련이고 쉽게 무너진다는 것을 잘 알면서도, 주변의 조명과 달콤한 열매의 유혹에서 우리는 쉬이 벗어나지 못하고 있는 듯하다.

들꽃은 들에 피어도 아름답게 피어나고 뿌리는 땅속에 제 모습을 감추고 있어도 제 역할을 다 한다. 수많은 들풀은 이름이 없어도 또 누가 봐주지 않아도 그 존재만으로 아름답다.

이정원

비가 와야 할 텐데

서거정

봄부터 시작된 가뭄 여름까지 이어지니　　自春無雨夏相仍
기승부리는 가뭄 귀신 네가 참 밉구나　　女魃憑淩爾可憎
천지는 화로가 되어 불처럼 이글거리고　　天地爲爐烘似火
들판엔 초목이 말라 중머리처럼 민둥하네　　田原無髮禿如僧
메뚜기 떼가 극성이라 걱정스러운데　　螽蝗得勢能爲患
도마뱀도 신통치 않아 의지할 수가 없네　　蜥蜴踈才不足憑
어찌하면 두 손으로 은하수를 끌어다가　　安得銀潢雙手挽
세상천지 찌는 더위 시원하게 씻어 줄까　　人間萬里洗炎蒸

서거정徐居正, 1420~1488, 「비가 안 와 걱정이네悶雨」, 『사가집四佳集』

곡식을 키우기 위해 제때 알맞게 내려 주어야 할 비가 내리지 않고 가뭄이 들 때, 농민들의 마음은 바짝바짝 타들어 갈 수밖에 없다.

『오주연문장전산고五洲衍文長箋散稿』「사전祀典 기우제용변증설祈雨祭龍辨證說」에 보면, 송宋나라 관중關中에 가뭄이 들었을 때, 어떤 승려가 도마뱀 수십 마리를 잡아 항아리 안에 넣어 놓고, 어린아이들에게 버들가지를 잡고 주문을 외게 했다는 기록이 있다.

> "도마뱀아, 도마뱀아. 구름을 일으키고 안개를 토해라. 비가 쏟아지게 하면, 너를 놓아 돌려보내 주마."

이렇게 어린아이들이 주문을 외자 큰 비바람이 몰아쳤다고 한다. 도마뱀은 용과 닮았기 때문에 기운이 통할 것이라고 보아 용 대신 도마뱀을 쓴 것이라고 한다. 도마뱀을 써서 기우제를 지내는 풍습은 우리나라에도 들어왔다.

『은대조례銀臺條例』「예고禮攷 기고제祈告祭」에 보면, 기우제는 하지夏至 이후에 예조에서 임금께 여쭈어 2일 간격으로 거행한다고 되어 있다. 삼각산·목멱산·한강단1차, 6차, 용산강·저자도2차, 7차, 남단·우사단3차, 8차, 북교4차, 9차, 사직4차, 10차, 종묘5차, 11차 등지에서 12차례에 걸쳐서 차례로 거행하도록 하였다.

특별한 의식을 거행하기도 했는데, 6차 때에는 내시를 보내어 호랑이 머리 모양을 만들어 제물과 함께 강물에 던지는 의식을 거행하였고, 9차 때에는 북교에 정2품, 모화관 연못가에 무관 종2품과 도마뱀에게 주문을 욀 동자를 보내어 의식을 거행하였다. 12차 때에는 3품 당하관을 보내어 오방토룡제五方土龍祭를 거행했는데, 이는 흙으로 만든 용을 다섯 방위에 두고 채찍으로 용을 치면서 비가 내리기를 기원하는 제사이다.

그리고 기우제를 지내는 중에 비가 내리면 반가운 마음으로 이렇게 축문祝文을 수정했다.

"단비가 주룩주룩 쏟아졌다.甘沛注下"

하승현

더위를 피해

정래교

붉은 해 중천이라 새들도 울지 않고	赤日中天鳥不鳴
산사람 말을 타고 천천히 지나는데	山人騎馬作閒行
골짜기 산속 길로 어느덧 접어드니	翛然去入連山路
반갑게 솔바람에 물소리 들려오네	喜得松風澗水聲

정래교鄭來僑, 1681~1759, 「수운정에서 더위를 피하다水雲亭避暑」, 『완암집浣巖集』

여름이 오면 사람들은 '덥다, 덥다'를 연발한다. '유난히 덥다'는 말도 자주들 한다. 언제나 이렇게 더웠는데 유난히 덥다고 느끼는 것인지, 아니면 지구 온난화에 따른 이상기후로 정말 더 더워지고 있는 것인지 잘 모르겠다.

古松流水館道人

여름은 원래 덥다. 작년 여름도 더웠고, 10년 전 여름도 더웠고, 100년 전 여름도 더웠다. 앞으로의 여름도 더울 것이다. 덥다 보니 사람들은 예나 지금이나 피서를 즐긴다.

이 시는 조선 후기의 문인인 정래교가 수운정이라는 곳에 피서를 가며 지은 시이다. 그는 중인 출신이라 높은 벼슬에 오르지는 못했지만, 통신사通信使의 역관이 되어 일본에 갔을 때에 시를 지어 크게 이름을 날렸다. 사대부들 사이에서도 명망이 높아 많은 고관의 자제들이 그에게 시를 배우기도 하였다. 노론 벽파를 대표하던 인물인 김종수金鍾秀, 정조의 외할아버지로서 영의정을 역임한 홍봉한洪鳳漢 등이 그에게 시를 배웠다고 한다.

이 시는 특별한 기교나 묘사를 사용하지 않으면서도, 한여름의 무더위와 산중의 시원함을 잘 전달하고 있다. 제1구의 '중천에 걸린 붉은 태양'은 생각만 해도 더워지게 만든다. 얼마나 더운지 새들도 모두 자리를 피해 보이지 않을 정도다. 새의 울음도 사라지게 할 정도로 뜨거운, 한낮의 붉은 태양을 통해 강렬한 더위를 표출해 내어 시를 감상하는 이의 마음까지 덥게 만들고 있다. 얼른 고개를 돌려야 할 구절이다. 제2구에서는 이 뜨거운 태양의 열기를 피해 산길로 향하는 시인의 모습을 볼 수 있다. 더위를 피하기 위해서는 한시라도 빨리 자리를 옮겨야 하겠지만, 무더위 속에 빨리 갈 수도 없는 노릇이다. 최대한 느릿느릿 길을 가지만 아직도 덥다. 걷다 보니 어느덧 깊은 산중에 들어서 있다. 무언가 느낌이 다르다. 숲속에선 솔 내음 가득 실은 솔바람이 불어오고, 길 옆 계곡에선 물소리가 들려온다. 제3구에서 장면이 전환되면서 제4구에서는 시원한 솔바람과 물소리를 선사한다.

콘크리트 도시 속에서는 한여름의 붉은 태양 아래가 아니라 해도 한가로이 지저귀는 새소리를 접할 기회가 거의 없다. 더구나 솔바람과 물소리는 연상할 수도 없는 형편이다. 더운 여름만이 아니라 사시사철 답답함과 긴장감이 세상 모든 것을 집어삼키고 있는 것 같다. 천천히 길을 걷는 사람을 목격하기가 쉽지 않다. 나부터도 어느새 발걸음을 재촉하고 있다. 발걸음을 멈추면 뒷사람과 부딪치게 되고, 또 부딪치고, 또 부딪쳐 도시의 모든 기능이 마비될 것만 같다. 컨베이어 벨트 같은 이 흐름에서 내려와야 할 듯하다.

많은 사람들이 휴식과 힐링을 강조하고 있다. 애초 힐링이 필요한 사회를 만들지 않았다면 그렇게 힘주어 말할 필요도 없었을 텐데……. 더위와 답답함을 느끼는 도시인들에게 산중 계곡으로의 피서를 권해 본다. 시인이 느꼈던 반가움이 무엇인지 몸으로 이해할 수 있을 것이다.

이정원

세검정

정약용

높은 성곽과 잔도棧道가 아련히 뵈는 곳　　層城複道入依微
종일토록 시냇가 정자에는 속물이 드무네　　盡日溪亭俗物稀
푸른 바위 물안개 온 숲은 젖어들고　　石翠淋漓千樹濕
요란한 물소리가 몇 봉우리를 날아가네　　水聲撩亂數峯飛
그늘진 시냇가에 한가로이 말을 매고　　陰陰澗壑閒維馬
바람 치는 주렴 창에 옷을 고이 걸었네　　拍拍簾櫳好挂衣
우두커니 한참을 앉아 있기 좋다 보니　　但可嗒然成久坐
시를 짓고 나서도 돌아가는 걸 잊게 하네　　不教詩就便言歸

정약용丁若鏞, 1762~1836,「세검정에서 놀며游洗劍亭」,『여유당전서與猶堂全書』

조선 후기의 학자이자 문신인 다산茶山 정약용이 1791년 여름 사간원司諫院 관리로 재직하고 있을 때에 세검정을 유람하면서 지은 것이다. 「세검정에서 노닌 일을 적은 기문游洗劍亭記」에는 세검정을 찾아 가던 날의 일이 자세히 묘사되어 있다.

한여름 태양의 뜨거운 열기가 대지를 다 태워 버릴 듯하더니, 언제 그랬냐는 듯이 먹구름이 사방에서 일어나며 마른천둥 소리가 울려오기 시작하였다. 조정의 동료들과 명례방明禮坊 지금의 명동 집에서 술잔을 기울이고 있던 나는 창밖을 내다보다가 불현듯 세검정이 떠올랐다.

"이것은 폭우가 쏟아질 징조일세. 그대들은 세검정에 가 보지 않겠나? 가지 않으려는 사람에겐 벌주 10병을 한번에 내리겠네."

엉뚱하고 갑작스러운 제안이었지만, 모두들 약속이나 했던 것처럼 흔쾌히 일어나 말을 타고 길을 나섰다. 광화문 앞 육조六曹 거리를 지나 경복궁景福宮 서쪽 모퉁이를 돌아 창의문彰義門에 도착하니 주먹만 한 빗방울이 하나둘씩 떨어지기 시작하였다. 이내 말을 달려 세검정에 다다르자 수문水門 좌우에서는 벌써 한 쌍의 고래가 뿜어내는 것 같은 물줄기가 세차게 쏟아져 나오고 있었다.

정자에 올라 자리를 펴고 난간 앞에 앉았는데, 나무들이 미친 듯이 바람에 흔들렸고, 흠뻑 젖은 몸에는 한기寒氣가 뼛속까지 스며들었다. 이때 갑자기 비바람이 한바탕 크게 일더니 산골짜기

> 에서 거대한 물이 흘러와 눈 깜짝할 사이에 계곡을 채웠는데, 부딪치는 소리가 아주 요란하였다. 휩쓸려 내리는 모래와 구르는 돌이 물과 뒤엉켜 정자의 초석礎石을 할퀴고 지나간 것이었다. 서까래와 난간을 뒤흔드는 웅장하고 맹렬한 기세에 놀란 나머지 떨리는 가슴이 한동안 진정되지 않았다.
>
> 술과 안주를 먹고 마시며 익살스러운 농담을 주고받는 사이에 비도 그치고 구름도 걷혔으며 골짜기의 물도 잔잔해졌다. 석양이 나무 사이에 걸려 붉으락푸르락한 경치가 천태만상으로 변화하는 가운데 서로를 베개 삼아 누워 시를 읊조렸다.

조선 시대 서울 사람들은 장마철 물이 불 때면 세검정 계곡으로 물 구경을 가곤 했는데, 이곳은 비가 개고 나면 금세 물이 줄었다 한다. 그래서 서울의 사대부들은 비를 맞고 구경하러 가는 것을 꺼렸기 때문에 계곡물이 불었을 때의 장관을 목격한 사람이 드물었다고 한다. 그런데 다산은 평소 구경할 날을 벼르고 있다가 이날 비에 흠뻑 젖은 채 달려갔던 것이다.

비오는 날 세검정을 지날 기회가 있으면 다산이 물구경하던 그 자리에 서 보는 것도 좋을 듯하다.

❁ 양기정

시원한 샘물

이규보

오가는 행인 더위에 지쳤는데 南北行人暍
시원한 물을 길가에서 만났네 寒漿當路傍
조그만 샘물 온 나라를 적시니 勺泉能潤國
두 번 절하고야 맛볼 수 있네 再拜迺堪嘗

이규보李奎報, 1168~1241, 「시원한 샘물寒泉」, 『동국이상국집東國李相國集』

고려 시대 무신 정권 시기의 문신이자 학자인 이규보가 길을 가다 지은 두 편의 시 중 한 편이다. 이규보는 어려서부터 뛰어난 재능을 보였고 고전을 두루 섭렵하였다. 입신양명을 위해 부단히 노력하기는 하였지만, 자연을 동경하여 호를 백운거사白雲居

士라 하였고, 만년에는 시, 거문고, 술을 무척 좋아하여 삼혹호 선생三酷好先生 세 가지를 너무 좋아하는 선생으로 불리기도 하였다. 고구려 시조인 동명왕東明王의 업적을 소재로 한 장편 서사시 「동명왕편東明王篇」을 비롯한 많은 작품이 『동국이상국집』에 실려 전한다.

시인이 어떤 상황에서 이 시를 지었는지는 자세하지 않다. 무더운 어느 날 자신의 갈증을 해소한 것에 감사하는 마음을 표현했지만 시상이 여기서 끝나지는 않는다. 한 모금의 시원한 샘물이 더위에 지친 행인의 갈증과 더위를 해소하듯이 고단한 백성들의 많은 갈증 요소들이 해결되기를 바라는 마음으로 이어진다.

평소 물이 넉넉할 때야 한 모금의 샘물이 고마울 것이 뭐 있을까마는 무더위에 지친 행인에게는 그 물이 생명수와도 같다. 그러니 두 번이라도 절하여 감사를 표할 밖에. 작은 샘물은 우뚝 솟은 산봉우리처럼 벅찬 감동을 주지도 않고, 도도히 흐르는 강물처럼 가슴을 일렁이게 하지도 않는다. 그래서 흔히들 무심코 지나치곤 한다. 그러나 더운 여름 지친 행인에게 진정으로 필요한 것은 거창한 그 무엇이 아닌 바로 시원한 물 한잔일 것이다.

어디 고마운 것이 물뿐이겠는가? 이규보의 「큰 나무大樹」라는 시에 나오는 나무도 물과 마찬가지로 고마운 존재다.

더운 날씨에 쉬기 좋고	好是炎天憩
소낙비 피하기도 좋아라	宜於急雨遮

시원한 그늘 양산만 하니　　　　　清陰一傘許
주는 혜택이 또한 많구나　　　　　爲貺亦云多

어디에 어떤 모습으로 있느냐에 따라 다르긴 하겠지만, 큰 나무는 더위에 그늘을 만들어 시원하게 해 주기도 하고, 갑자기 쏟아지는 소낙비를 잘 막아 주기도 한다. 그러면서도 나무는 우리에게 대가를 요구하지도, 우리 삶에 간섭하지도 않는다. 우리가 인식하건 인식하지 않건 늘 한결같은 모습으로 항상 그곳에 서 있을 뿐이다. '아낌없이 주는 나무'의 이야기처럼 자신의 모든 것을 내어 주고 밑동만 남았을 때에도 우리에게 편안한 쉼터가 되어 준다.

이정원

전원으로 돌아가리

정탁

아침저녁 온종일 너무도 바빠 　朝暮一何忙
먼지 속에 잠시도 쉬지 못하네 　塵中不暫歇
청산에는 기쁜 일 많을 터이니 　靑山樂事多
돌아가서 띠풀을 베어 보련다 　歸去茅將伐

정탁鄭琢, 1526~1605,「전원으로 돌아가리歸田園」,『약포집藥圃集』

약포藥圃 정탁은 문과에 급제한 뒤에 대사성, 대사헌, 이조 판서, 병조 판서, 예조 판서, 우의정 등 주요 관직을 두루 역임했다. 특히 임진왜란이 일어났던 67세에는 임금을 모시고 피난을 가기도 했다. 이 시는 관직 생활로 한창 바쁘던 때에 귀향을 갈망하

며 지은 시가 아닐까 한다.

전체 3수로 지어진 시인데 위에 소개된 부분은 그중 두 번째 시이다. 바쁜 일상에서 벗어나 전원으로 돌아가고픈 시인의 간절한 소망이 잘 묘사되어 있다. 관직 생활에 분주했던 그의 행력을 살펴볼 때 전원으로 돌아가 한가로이 지내고자 한 그 마음을 십분 이해할 수 있다. 세 번째 시도 함께 살펴보면 다음과 같다.

물러나 나아가길 구하지 않으니	退潛不求進
세인들은 물정 모른다 말들 하네	世人或曰迂
이 마음 어디고 매인 데 없으니	此心無係累
영욕의 마음이야 본래 없다네	榮辱本來無

모두들 출세를 지향하는 세상에서 물러나려고만 하니, 세상 사람들이 많은 말들을 했나 보다. 그 좋은 출셋길을 마다하니 참 세상 물정 모른다고 하였을 것이고, 괜히 말로만 그러는 것이 아닌지 의심을 하기도 하였을 것이다. 그러나 시인은 영욕에 마음을 두지 않기 때문에 변함이 없이 청산을 즐길 뿐이다.

옛날에 벼슬한 관원들은 조정에서 벼슬을 하고 있으면서도 끊임없이 전원의 한가로운 생활을 노래하였다. 그저 욕심이 없다는 것을 보이기 위해서인 경우도 있었겠지만 진정으로 전원으로 돌아가고 싶어 관직을 거절하는 경우도 있었다. 이 시의 제목인 「귀전원歸田園」은 '전원으로 돌아간다'는 의미로, 이런 류의 시를 짓는 전통은 중국 남조南朝 송宋나라의 시인인 도연명陶淵明의 「전원으로 돌아가 살리라歸田園居」로 거슬러 올라갈 수 있다.

그러나 전원으로 돌아가기만 하면 절로 편해지고 한가로워지는 걸까? 농촌 생활을 노래한 시 중에는 「상전가傷田家」라는 제목의 시들도 많다.

이월에 새 고치실을 팔고	二月賣新絲
오월에 새 곡식을 판다네	五月糶新穀
눈앞의 상처는 치료를 한다지만	醫得眼前瘡
심장의 살점을 도려내는 짓이라네	剜卻心頭肉

당唐나라의 섭이중聶夷中이 지은 대표적인 「상전가」이다. 여름에 생산되는 고치실을 2월부터 저당 잡혀 돈을 꾸고, 가을 곡식을 5월부터 저당 잡혀 돈을 꾸고 있으니, 정작 수확을 했을 때 내게 남는 것이 아무 것도 없는 것이다. 당장의 생계를 위해 결과를 알면서도 돈을 꿀 수밖에 없는 것이 현실이다. 대부분 백성들에게는 어떤 노래가 더 가슴에 와 닿았을까?

이정원

백마강의 안개

정규한

백제의 강산엔 아무것도 남지 않고　　百濟江山空復空
석양에 삿갓 쓴 늙은이 하나 뿐　　夕陽惟有一蓑翁
강호에 떠도는 몸 세상사와 무관한데　　浮家不管滄桑事
뱃노래 서너 가락 이슬비 속에 들리네　　數曲漁歌細雨中

정규한鄭奎漢, 1751~1824, 「백마강의 안개白馬江煙雨」, 『화산집華山集』

정규한의 자는 맹문孟文이고 호는 화산華山이다. 공주公州 출신으로 성담性潭 송환기宋煥箕의 문인이다. 1780년정조4에 진사시에 합격하였으나 그 후 과거 공부보다는 학문에 전념하였다고 한다. 하지만 후에도 노론 유생들의 연명 상소에 꾸준히 참가

하고 대신 상소를 짓기도 한 것을 보면 위 시에서 말한 것처럼 세상사와 무관하게 지내지는 않았던 듯하다. 그는 성담의 문하 500인 중에서 문장으로 첫 번째로 손꼽힐 정도로 이름을 떨쳤다.

위 시는 부여의 백마강 가에 있는 수북정에서 지은 것으로, 상촌象村 신흠申欽의 「수북정의 여덟 경치水北亭八景」에 차운한 것이다. 『상촌집象村集』에 실린 원시原詩는 다음과 같다.

오백년 그 세월이 한바탕 꿈이런가	五百年間一夢空
강가 낚시터 지금은 고기 낚는 영감 것이네	苔磯今屬釣魚翁
제멋대로 오고 가는 외로운 돛단배가	孤帆隨意往來穩
푸른 물결 안개비 속을 뚫고서 들어가네	穿入碧波煙雨中

원시와 차운시 모두 백제의 흥망성쇠를 안고 유구한 세월을 흘러온 백마강 가에서 느끼는 허망한 심정을 읊고 있다. 기승전결이 비슷하게 전개되는 가운데 드러나는 미묘한 시상의 차이가 시를 감상하는 또 다른 맛을 느끼게 한다.

멸망한 지 천년도 넘은 백제의 강산에는 당시의 영화를 살펴볼 어떤 유적도 남아 있지 않다. 그저 비 오는 석양 강가에 삿갓 쓴 늙은이만 보일 뿐이다. 그는 저자 자신을 투사한 듯하다.

이슬비 속에 들려오는 뱃노래는 무슨 내용이었을까? 백제 멸망의 비극을 읊은 노래일까, 아니면 그저 백성들의 평범한 생활을 읊은 노래일까? 이미 세상일과 무관하다며 강호를 떠도는 몸인데도 그 노랫가락이 귓가를 맴돌고 있다.

❁ 김성애

산사에서 들려오는 저녁 종소리

서거정

화산은 푸른 부용처럼 우뚝하게 솟았는데　　華山撐立碧芙蓉
산사山寺는 몇 겹의 연하 속에 묻혀 있는지　　寺在煙霞第幾重
세 길에서 반쯤 감춰진 건 서산 위의 해요　　三丈半銜西嶺日
한 소리 막 울리는 건 산사의 종소리네　　一聲初動上方鐘
취한 나그네 세상 꿈에서 놀라 깨어나니　　驚回醉客人間夢
세속 밖에 노니는 고승이 부럽기만 하구나　　羨殺高僧物外蹤
한밤중 한산사 종소리 듣던 일보다 좋아라　　却勝寒山聽夜半
구름 흔들고 강물 건너 석양 보내는 모습이　　搖雲度水送高舂

서거정徐居正, 1420~1488,「북사의 저녁 종소리北寺暮鍾」,『사가시집四佳詩集』

正陽寺

우뚝한 봉우리 아래로 자욱한 안개가 화산華山의 허리를 휘감고 있다. 산 중턱에 수줍게 얼굴을 내밀고 있던 산사는 자취를 감추었다. 해가 서쪽 산마루로 뉘엿뉘엿 내려오는 때, 어디선가 저녁의 정적을 깨는 묵직한 소리가 울려 퍼진다. 끊어질 듯 끊어지지 않으며 길게 퍼져 나가는 은은한 그 소리에 귀를 기울이고 있노라니, 세상에 부대끼며 살아오는 동안 켜켜이 쌓인 근심과 상념들이 사라지고 내 자신이 그 소리를 타고 하늘 먼 곳으로 날아가고 있다는 착각에 빠진다.

저 짙은 안개 속 어딘가에 들어앉은 고승高僧은 왠지 저 종소리를 닮아 있을 듯도 하다. 옛날 한산사에서도 한밤에 울리는 종소리를 듣고 어떤 시인이 시를 지었다는데, 구름과 강물, 석양과 어우러진 이 종소리를 들었다면 그는 어떤 시를 지었을까?

이 시를 지은 서거정은 23년간 대제학을 지낸 조선 전기의 대표적인 관각 문인館閣文人인데 6500여 수의 시를 남겨 최고의 다작 시인으로 유명하다. 서거정은 남산南山 아래에서 살았다고 하는데, 이 시는 그가 집에서 한가로이 지내면서 지은 것으로 보인다. 남산 아래 집에서 북쪽을 바라보면 병풍처럼 두른 화산이 바라다보였을 것이다. 화산은 지금의 북한산北漢山으로, 백운대白雲臺, 인수봉人壽峯, 만경대萬鏡臺 세 봉우리가 세 개의 뿔처럼 솟은 산이라 하여 삼각산三角山이라고도 부른다. 서거정은 삼각산의 봉우리가 연꽃을 닮았는데 푸르게 덮여 있다 하여 '푸른 부용'이라 비유했다.

시에 나오는 한산사 종소리는 당나라 시인 장계張繼가 풍교楓橋라는 곳에 머물 때 들은 것이다.

달 지고 까마귀 울며 서리는 하늘 가득한데	月落烏啼霜滿天
강변 단풍 고깃배 불빛에 시름겹게 조노라	江楓漁火對愁眠
저 멀리 고소성 밖 한산사에서	姑蘇城外寒山寺
한밤중 종소리가 나그네 배에 들려오누나	夜半鐘聲到客船

한밤중 싸늘한 밤하늘에 울려퍼지는 종소리를 듣고 장계는 시름에 잠긴 채 떠도는 자신의 신세를 돌아보며 외롭고 쓸쓸한 감정이 깊어졌을 것이다.

대학 시절 저녁 6시가 되면 뒷산에서 울려오는 종소리를 듣곤 했다. 하루는 종소리가 아름다워 눈으로 쫓기라도 하려는 듯 길을 멈추고 하늘을 쳐다본 적도 있었다. 종소리가 가슴속으로 스며들어 울리는 듯했다. 이런저런 고민들로 종잡을 수 없던 내 마음이 이내 평온해지면서 잠시나마 깨달음을 얻은 기분이었다고나 할까? 어쩌면 서거정이 들은 종소리도 그런 것이 아니었는지 모르겠다.

❁ 변구일

가을바람에 괴로이 읊나니 秋風惟苦吟
세상에 나를 알아주는 이 적구나 擧世少知音

제
3
장

가을

칠석

임춘

맑고 얕은 은하에 달빛도 넉넉하니	銀河淸淺月華饒
이 밤에 신선이 만나는 것도 좋으리	也喜神仙會此宵
인간 세상의 수많은 까막까치들	多小人間烏與鵲
해마다 오작교 만드느라 고생하오	年年辛苦作仙橋

임춘林椿, ?~?, 「칠석七夕」, 『서하집西河集』

임춘은 고려 시대 의종毅宗에서 명종明宗 연간의 문인으로, 자는 기지耆之 또는 대년大年, 호는 서하西河이다. 의종 때 태어나 30대 후반까지 살았던 것으로 추정되나 확실한 생몰년은 알 수 없다. 고려 귀족 출신에 문학적 명성까지 겸비하였지만 무신란으

로 가문이 몰락한 뒤 벼슬에 오르지 못하고 이리저리 떠돌다가 생을 마쳤다. 하지만 불우한 생활 속에서도 뛰어난 문학적 성취를 이루어 「국순전麴醇傳」, 「공방전孔方傳」 등 유명한 작품이 그의 문집인 『서하집』에 실려 전한다.

위의 시를 어느 해 칠석 때 지었는지는 알 수 없으나, 은하수와 달빛, 견우와 직녀의 만남, 까마귀와 까치가 지어 주는 오작교烏鵲橋 등 칠석의 주요 아이템을 빠짐없이 다 갖추면서도 평이하고 담담하게 서술하였다.

은하수가 맑고 얕아지며 달빛이 풍요로운 것은 가을이 오고 있다는 것을 의미한다. 칠석은 양력으로 8월이라 아직 덥지만 얼마 뒤면 처서이니 사람들이 여름에 지쳐 있는 사이에 가을이 턱밑까지 다가온 때이다. 이렇게 좋은 밤이 바로 견우와 직녀가 1년에 한 번 만나는 때이다. 그러나 이들 사이에 은하가 가로놓여 만나지 못하자 인간 세상의 까막까치가 날아가 직녀와 견우의 만남을 위한 다리를 놓는다. 이 얼마나 가슴 뛰는 로맨스인가?

이 설화의 직녀성과 견우성은 사실 독수리자리鷲星座의 알파성 알타이르Altair와 거문고자리琴星座의 알파성 베가Vega를 말하는데, 이 두 별은 사실 너무 멀리 떨어져 있어서 빛의 속도로 다가가도 몇십 년에 한 번 만날까 말까라고 한다. 사실이 어떻든 인간 세상에서는 이들의 만남을 의심치 않았다. 예부터 칠석이 되면 부인들은 음식을 차려 직녀처럼 바느질 솜씨가 좋아지길

기원하기도 하고, 장마 동안 눅눅해진 옷장 안의 옷을 내어 햇볕에 말리기도 하고, 수고하는 까마귀의 밥을 지어 올려 자손들 명이 길어지기를 빌며 한 해 농사의 풍흉을 점치기도 했다.

칠석날에는 대체로 비가 내리는 경우가 많았는데 낮에 오는 비는 기쁨의 눈물이고 밤에 오는 비는 슬픔의 눈물이라고 하였다. 그리고 이날 비가 오면 농사가 잘 될 것이라고 예측하였다. 칠석에 내리는 비에 대한 어떠한 과학적 분석보다도 하늘에 있는 연인들의 만남을 이야기하는 신화가 우리의 마음을 더 움직인다. 현대에도 우리가 알 수 없는 자연의 힘을 이야기로 풀어내어 마음의 여유를 찾게 해 줄 신화가 필요하다.

김성애

무지개

정희량

파랗고 빨간 한 폭의 비단　　青紅一段錦
직녀 손에서 분명 나왔지　　應出織女手
견우의 옷을 만들고 싶어　　欲作牽牛衣
비 갠 하늘에 빨아 널었지　　洗掛雨後天

정희량鄭希良, 1469~?,「무지개虹」,『허암유집虛庵遺集』

이 시는 정희량이 여섯 살 때 지은 것이라고 한다. 여섯 살이면 지금의 아이들이 유치원 또는 어린이집에 다닐 나이이다. 이 나이에 한문을 익혀 한시漢詩를 짓는 일은 결코 쉬운 일이 아니다. 그런데도 뛰어난 비유를 써 가며 한시를 지었으니, 천재라고 하

지 않을 수 없다.

비 온 뒤 하늘에 걸린 무지개를 보고, 직녀가 견우의 옷을 짓기 위해 깨끗이 빨아 널어놓은 비단 같다고 한 비유는 기성 시인들의 시와 비교해 보아도 전혀 손색이 없다. 어렵지 않은 20자의 글자만으로 지어진 예쁜 한시가 여섯 살 어린아이의 손에서 나와 500여 년이 지난 오늘까지 전해지고 있다.

다음은 이최중李最中의 시이다. 이 시 또한 저자의 나이 아홉 살 때 지은 것이라 한다. 이최중은 조선 후기 문신으로 이조 판서를 지낸 인물이다.

풀벌레 우는 소리 평상으로 스미니	草蟲鳴入床
앉아서 느끼노라 가을이 깊은 줄을	坐覺秋意深
구름이 흩어져 밝은 달이 드러나니	雲散明月出
푸르른 저 하늘은 내 마음과 같구나	靑天如我心

『위암집韋庵集』에 나오는 「눈 앞의 풍경卽景」이라는 시이다. 평상 아래로 스미는 풀벌레 소리를 통해 가을이 깊었음을 깨닫고서 푸른 하늘을 바라본다. 그리고 가을의 경치를 감상하는 것에 그치지 않고, 맑은 하늘과 자신의 마음을 동일시하여 자신의 큰 포부를 내비친다. 풀벌레 소리로 가을밤의 정경을 이끌어 내는 표현도 놀랍지만 9세 소년이 지닌 하늘 같은 기상이 더욱 놀랍다.

어린 천재를 언급하면서 빠뜨릴 수 없는 사람이 한 명 더 있다. 『금오신화金鰲新話』의 작가로 유명한 김시습金時習이다. 다섯 살 때부터 이미 글 짓는 솜씨가 뛰어나다는 소문이 자자했다. 어느 날 소문을 듣고 찾아온 나이 든 정승이 '늙을 로老' 자로 시를 지어 보라고 하자, 김시습은 즉석에서 "늙은 나무에 꽃이 폈으니 마음은 늙지 않았네.老木開花心不老"라고 지었다. 소문은 조정에까지 알려져 당시의 임금인 세종이 김시습을 대궐로 불렀다. 신하를 시켜 재주를 시험해 보고는 크게 칭찬을 하였다. 그러나 세종은 김시습을 직접 만나지는 않았고, 그를 돌려보내며 다음과 같이 말하였다고 한다.

> 직접 만나보려 하였으나 사람들의 이목을 놀라게 할 듯하다. 집으로 돌려보내 재주가 겉으로 드러나지 않게 하면서 잘 가르치도록 하라. 자라 학업이 성취된 뒤에 크게 쓰겠다.

예나 지금이나 세상을 놀라게 하는 영재들이 우리 주변에는 많이 있다. 그들이 잘 자라 큰 역할을 할 수 있도록 돕는 일은 매우 중요하다. 요즘 사람들이 어떻게 해서든 영재를 만들기 위해 애쓰는 것과 세종이 재주가 겉으로 드러나지 않게 하라고 당부한 것 가운데 어떤 것이 진정 영재를 위한 현명한 판단이 될까?

이정원

가을바람 빗소리에 잠 못 이루고

최치원

가을바람에 괴로이 읊나니	秋風惟苦吟
세상에 나를 알아주는 이 적구나	擧世少知音
창 밖에는 삼경에 비가 내리고	窓外三更雨
등불 앞에는 만고의 마음이로다	燈前萬古心

최치원崔致遠, 857~?, 「가을 밤 빗속에서秋夜雨中」, 『고운집孤雲集』

호젓한 방안에 앉아 나직한 목소리로 이런저런 글자들을 음미한다. 어울리지 않는 글자들을 끼워맞추느라 입에서는 연신 신음소리처럼 괴로운 소리가 흘러나온다. 지창紙窓을 흔드는 가을바람. 마치 적진을 급습하기 위해 내달리는 군대의 은밀하고도

瀟湘夜雨

신속한 행군 소리와도 같다. 헛헛하게 가슴 한쪽을 긁으면서 지나간다. 자연의 조락凋落을 재촉하는 가을 바람은 삶보다 죽음에 가까워진 나의 인생을 반추하게 한다. 지나온 세월, 돌이켜보면 나는 세상에 조화되지 못하는 이방인 같은 존재였다. 어린 나이에 당唐나라로 유학을 떠나 자랑스러운 진사進士가 되었건만 당인唐人들에게 나는 먼 변방에서 유학 온 어설픈 서생書生에 불과할 뿐이었다. 결국 답답한 심사를 안고 다시 고국으로 돌아왔지만 이미 십수 년이라는 세월의 간극은 나를 고국 사람들과 동화되지 못하는 불편한 존재로 바꾸어 버렸다.

언제부터 비가 내리고 있었을까? 저녁부터 등불 아래 앉아 회상에 잠기느라 비가 온 줄도 몰랐다. 그러고 보니 통행금지 알리는 종소리를 들은 지도 한참 지나 어느새 삼경三更 밤11시~새벽1시에 접어들고 있었다. 세상 사람들 모두 잠이 든 이 시간에 깨어 있는 나의 마음을 누가 알아줄까? 빗소리를 들으며 앉아 있다 보니 태곳적 사람들의 순수했던 마음처럼 내 마음이 맑아짐을 느낀다.

이 시에서 시상詩想을 촉발하는 매개체는 가을바람秋風이다. 전통 시대 문인들은 가을바람이 불어올 때 쓸쓸해지는 마음을 문학 작품으로 승화하였다. 전국戰國 시대 초楚나라의 송옥宋玉이 지은 「구변九辯」과 북송北宋의 구양수歐陽脩가 지은 「추성부秋聲賦」가 대표적이다.

최치원은 12세에 당나라에 가서 과거 공부에 매진하여 18세에 진사에 급제하였다. 이후 당나라에서 율수현위溧水縣尉와 고변高駢의 막료幕僚를 지내는 등 그리 높지 않은 벼슬을 전전하다가 885년헌강왕11 29세가 되던 해에 귀국하였다. 하지만 정치적 기반이 빈약한 데다 육두품六頭品이라는 신분적 한계에 부딪힌 그는 결국 다 벗어던지고 가야산伽倻山으로 들어가 생을 마친다. 이 시는 그가 신라에서 활동하던 때 지은 것이다. 이 시를 짓고 그의 마음은 안식을 찾았을까?

변구일

서울에서 추석을 맞아

신광수

서울에서 나그네 신세 되고서는 自作漢陽客
일 년 내내 집안 소식 드물었네 一年家信稀
한 점 구름은 가을빛을 머금고서 孤雲有秋色
홀로 먼 산 고향으로 돌아가네 獨向遠山歸

신광수申光洙, 1712~1775, 「한양에서 추석을 맞이하다漢陽秋夕」, 『석북집石北集』

민족의 대명절이라는 추석에는 언제나 어김없이 '귀성 대란', '기차표 예매 전쟁', '교통 체증', '선물 고민', '명절 증후군' 등의 단어들이 오르내린다. 사람들은 즐거워야 할 명절에 이런 이유들로 힘겨워한다. 그러나 이런 힘겨운 행렬에 함께하지 못하

洞庭秋月

여 더욱 힘들고 외로운 사람들도 있다. 이 시는 이런 사람들의 마음을 대변하고 있는 듯하다.

이 시의 작가인 신광수는 문장에 뛰어나 임금에게도 큰 인정을 받은 인물이다. 이 시는 그가 추석에 고향에 갈 수 없게 되자 가을빛을 머금은 구름에 마음을 실어 보내며 고향을 그리고 있는 내용이다.

지금처럼 교통이 발달하지 못하였던 옛날에는 고향을 한번 찾아가는 것이 지금은 상상할 수 없을 정도로 큰 일이었을 것이다. 통신도 지금처럼 발달하지 못하여 제때에 안부를 전할 수도 들을 수도 없었을 것이니, 그저 애달픈 마음뿐이었으리라. 가을빛을 가득 머금고 고향 하늘로 흘러가는 구름이 마냥 부러웠을 것이다.

객지에서 맞이하는 추석에 대해 읊은 또 한 편의 시가 있다.

서쪽 변방의 둥글고 둥근 달	西塞團團月
오늘 밤 내 옷을 비추는구나	今宵照我衣
맑은 빛 누구를 주려 하는가	淸輝欲誰贈
먼 곳 나그네가 의지한다네	遠客許相依
서리 내리는데 선산은 멀고	霜露先塋遠
자식 노릇 봉양도 못한다네	晨昏子職違
그래도 처자식 옆에 있으니	妻孥還在側
서로 마주하여 눈물 뿌리네	相對涕交揮

『구운몽九雲夢』의 작가로 유명한 서포西浦 김만중金萬重, 1637~1692의 「추석秋夕」이란 시이다. 둥근 달을 보면 고향 생각이 간절하지만, 한편으론 그 밝은 달빛이 나그네의 외로움을 달래 주기도 한다. 서리가 내리는 계절이 오면 선산을 돌아보며 관리해야 하고 아침저녁으로 부모님을 살피며 봉양해야 하는데, 그러지 못하니 마음이 아프다. 그러나 아내와 자식이 함께 있어 조금이나마 슬픔을 덜 수 있다.

현대인들은 너나 할 것 없이 외롭다고 한다. 그러나 이런 절대적 외로움보다 견디기 힘든 것은 상대적 외로움일 것이다. 바쁜 도시 생활 속에서 고향을 찾을 여유를 내지 못하는 사람들, 어려워진 형편에 차마 고향을 찾지 못하는 사람들, 취직과 생존을 위해 치열한 전쟁을 치르느라 고향을 찾지 못하는 사람들, 보면서도 갈 수 없어 그저 바라만 볼 뿐인 사람들…….

평소에는 아무렇지도 않다가도 명절이 되어 많은 사람이 고향을 찾을 때면 이들은 고향을 더 그리워하게 된다.

차가 좀 막히면 어떠랴? 더디 가는 것이지 못 가는 것이 아니지 않은가? 그리운 고향으로 가는 길에 다소 비싼 대가를 치른들 그리 아까워할 것이 뭐가 있겠는가? 가고 싶어도 가지 못하는 사람들이 볼 때에는 사치스러운 푸념에 불과할 것이다. 이들에게는 달빛이 밝은 것이 오히려 더 처연하게 느껴질지도 모르겠다.

이정원

변화의 물결 앞에서

조재호

초목에 바람 세차고 이슬은 마르지 않았으니　草樹風高露未晞
아침 추위 스며들어 옷을 껴입게 되네　朝寒中體欲重衣
뉘 집 묘제인지 까마귀들 시끄러운데　誰家墓祭鳶鴉鬧
물가 근처 묵은 논에는 물새들이 굶주리네　近渚田荒雁鶩饑
남은 여생 이 걸음도 그칠 날 있으리니　餘日此行終有盡
살았을 때 성묘를 게을리하지 않으려네　生時躬省莫教稀
가벼운 차림 말 타고 십 리 남짓 선영 길을　輕鞍十里松楸路
짐짓 더디더디 재배하고 돌아오네　猶自遲遲再拜歸

조재호趙載浩, 1702~1762,「중추일 아침에 성묘를 다녀오며中秋日朝往松楸」,『손재집損齋集』

창작은 시인의 몫이지만, 해석은 독자의 권리이다. 공감할 수 있는 경험이 있다면 평범함도 감동이 된다.

예전부터 제례는 전통 예절 중에서도 매우 일상적이면서 중요한 의식이었다. 그런데 요 근래 명절이나 벌초, 혹은 성묘 때 친척들이 모이는 자리에서, 제사를 줄이고 산소를 한 곳으로 모으자는 주장들이 부쩍 잦아졌다. 숨 가쁘게 변해 가는 세태 속에서 전통 예절도 변화의 기로에 서 있는 것이다.

"성인聖人도 시속時俗을 따른다."라는 말을 굳이 들먹이며 전통은 형식이 아닌 정신의 계승이 중요하다고 쉽게들 말하지만, 결국 그 무거운 선택의 짐을 지는 이들은 평생 전통을 계승하고 조상을 모시는 일에 성심을 다한 세대들이다.

시인은 성묘를 다녀오는 길 말 위에서 얼마 남지 않은 여생이나마 성묘를 거르지 않겠다고 다짐을 한다. 묘소에서 멀어지는 아쉬움에 자꾸만 뒤를 돌아보며 발걸음을 더디 옮기는 늙은 시인의 모습에서 저승에 가서 조상께 호된 꾸지람을 듣더라도 자손들에게 부담을 넘기지 않으려고 고뇌하는 우리 부모들의 모습이 겹쳐져 보인다.

이제 변화는 거스를 수 없는 큰 물결이다. 이런 물결 속에서 지켜야 할 전통은 단순히 옛것이 아니라 현대에도 살아 있는 것이어야 한다. 현재의 우리들이 공감할 수 없다면 전통은 박물관 창고에 보관되어 있는 유물들과 다르지 않을 것이다.

조선 시대 선비들이 입던 심의深衣는 중국 고대 의복으로, 송

宋나라 때 이미 그 실물 원형이 전해지지 않았다. 송나라 학자 사마광司馬光이 『예기禮記』에 의거해 심의를 만들어 독락원獨樂園에 은거할 때 입었는데, 언젠가 자신이 만든 심의를 당대의 대학자였던 소옹邵雍에게 자랑하고 싶어졌다.

"선생께서는 이것을 입으실 수 있겠습니까?"

소옹이 고개를 저으며 답하였다.

"나는 요즘 사람이므로, 요즘 사람의 모자와 요즘 사람의 옷을 입겠습니다."

우쭐했던 사마광은 그 대답을 듣고 이치에 맞는 말이라고 크게 탄복했다고 한다.

조선 성종조成宗朝의 문신인 탁영濯纓 김일손金馹孫도 「오현금의 뒤에 적다書五絃背」라는 글에서 이런 말을 하였다.

"나는 밖으로는 지금의 문화를 따르고, 내면으로는 옛날의 정신을 지키려고 한다."

전통을 지키면서 변화를 추구하는 현대인들이 지침으로 삼아야 할 자세를 잘 정리한 말이라 하겠다.

권경열

달구경하는데 모기쯤이야

윤선도

푸른 바위 아래서 달구경하는데　　玩月蒼巖下
앵앵대는 모깃소리 천둥 울리듯 하네　　飛蚊作雷聲
물릴까 싶어서 들어갈까 했지만　　畏之欲入室
들어가면 가을 달을 품을 길 없네　　無由抱秋明
온몸이 가려워 긁는 한이 있더라도　　寧將遍身癢
맑은 마음 탁 트이게 할 수만 있다면야　　博此一心淸
네 맘대로 실컷 물어뜯으려무나　　啖咋任汝爲
찬바람 불 때가 분명 오리니　　霜風會有時

윤선도尹善道, 1587~1671, 「달구경玩月」, 『고산유고孤山遺稿』

조선 중기의 문신으로 치열한 당쟁의 여파로 일생의 대부분을 유배지에서 보냈던 윤선도의 작품이다. 그는 경전과 역사뿐만 아니라 의약·복서·음양·지리에도 두루 밝았고, 문학에도 뛰어나 훌륭한 작품을 많이 남겼다.

기어드는 목소리로 겨우겨우 말할 때 사람들은 모기 같은 소리라고 말한다. 그러나 그건 모기의 몸을 보고 만든 말이지, 모기의 소리를 듣고 한 말이 아닐 듯하다. 소리를 재어 데시벨로 표시한다면야 모깃소리는 천둥소리에 비교도 안 될 정도로 작다. 하지만 가만히 다가와 귓가에서 앵앵대는 모깃소리라면 사정이 달라진다. 피곤하면 천둥소리에도 개의치 않고 잘 수 있지만, 이 모깃소리에는 신경이 곤두서 잠을 설치게 된다.

그런데도 시인은 모기를 피해 방으로 들어가지 않기로 한다. 온몸을 모기에 물려 박박 긁는 한이 있어도 휘영청 밝은 가을 달의 모습을 놓칠 수는 없기 때문이다. 모기에 물리는 일을 감수할 만큼 가을 달은 매력적이다. 가만히 보고 있으면 마음이 밝아진다. 생활 속에서, 사람들 관계 속에서 뾰족해진 마음이 가을 달을 보는 동안 절로 둥글어진다. 그리고 이렇게 귀한 마음을 얻을 수 있다면야 그깟 모기에 물리는 것이 대수냐고 생각한다. 하지만 그래도 성가시게 한 모기를 용서할 수는 없나 보다. 날이 추워져 찬바람이 불면 죽을 수밖에 없는 운명이라는 것을 똑똑히 일러준다.

윤선도는 1636년 12월 병자호란이 일어나자 배를 타고 강화

도로 달려갔으나 길이 막혀 도로 해남海南으로 돌아온 적이 있었다. 결국 병자호란 때 문안을 여쭙지 않았다는 이유로 1638년 6월 체포되어 영덕盈德으로 유배된다. 이 시는 그 후 석방되어 다시 해남으로 돌아와서 지은 시이다.

달을 감상하고 소소한 일상을 읊는 여유를 즐길 수 있는 것도 말 많은 세상에서 이런저런 풍파를 다 겪은 후 소중한 것이 무엇인지를 체득해서가 아닐까 하는 생각이 든다. 달을 보는 마음이 큰 어려움을 모르던 시절과는 많이 달랐을 것 같다. 먼 길을 돌아온 뒤에야 본래 자리에서 보는 풍경이 얼마나 멋진 것인지를 알 수 있다. 윤선도가 정철鄭澈, 박인로朴仁老와 함께 조선의 3대 가인歌人으로 불리게 된 데에는 그가 겪은 풍파도 한몫을 하지 않았을까 생각해 본다.

하승현

얇은 이불 썰렁하고 불등도 캄캄한데 紙被生寒佛燈暗

어린 중은 밤새도록 종도 치지 않는구나 沙彌一夜不鳴鍾

제4장

겨울

첫눈

유집

아이들 첫눈 온다 알려 와	兒童報初雪
늙은이를 놀래키누나	却使老夫驚
한 해가 저무는 줄 알겠으니	歲律知將暮
여생은 얼마나 남았는가	餘生問幾齡
청춘 시절 옛 친구 이제 없는데	靑春無舊伴
머리엔 백발이 새로 자라네	白髮有新莖
문득 앞날의 일 생각해 보니	忽憶前頭事
이제부턴 죽음도 편안하리라	從今歿亦寧

유집柳楫, 1585~1651,「첫눈初雪」,『백석유고白石遺稿』

유집은 조선 시대 예학禮學의 대가인 사계沙溪 김장생金長生의 문인으로 학문과 후학 양성에 힘쓴 인물이다. 그는 이괄李适의 난과 병자호란 등 국난을 맞아 의병을 모아 직접 전장에 나섰던 충의忠義를 지닌 인물이기도 하다. 이 시는 그가 노년에 첫눈을 맞이한 감회를 읊은 시이다.

절기상 겨울이 시작되는 때는 '입동立冬'이다. 그러나 많은 사람은 입동이 언제인지도 모르고 지나다가 첫눈을 맞이한 뒤에야 비로소 겨울임을 실감한다. 시인도 첫눈을 알리는 아이들의 소리에 겨울이 온 것을 느끼며 상념에 잠긴다. 겨울은 한 해의 끝자락에 놓여 있다. 겨울이 온다는 것은 한 해가 저물고 새로운 한 해가 시작된다는 것이다. 노년에 한 해를 더 보태는 것은 그만큼 생의 끝자락에 한 걸음 더 가깝게 다가간다는 것을 의미하므로, 젊은 시절에 느끼던 겨울과는 사뭇 다를 수 있다.

청춘 시절을 함께 보냈던 친구들은 하나둘씩 저세상으로 떠나가고 나의 머리에는 흰머리만 더해진다. 이 시기에 내일을 말하는 것은 아무 의미가 없을지도 모른다. 그저 나에게는 내일이 없는 오늘만 있는 것은 아닐까 하는 생각이 들 수도 있다. 이것이 시인이 아이들처럼 첫눈을 반기지 못하고 덜컥 놀라게 되는 이유일지도 모른다.

허나 시인이 정작 하고픈 말은 마지막 구절에 표현되어 있다. 청춘의 벗도 사라지고 나의 남은 인생도 얼마 남지 않았지만, 봄·여름·가을이 지나면 겨울이 오듯이 지금 노년의 모습도 자연스럽고 앞으로 있을 또 하나의 일도 자연스러운 것이다. 자연스러운 일을 맞이하는 데 불편할 것이 뭐 있겠는가? 그저 편안히 기다리면 그뿐인 것을.

사계절이 뚜렷한 우리나라에는 대부분의 지역에서 한 해에 한 번씩 어김없이 첫눈이 내렸을 것이고 앞으로도 계속 그러할 것이다. 첫눈이 내리면 가슴 한편에 남아 있는 동심에 아무 이유 없이 그냥 좋아하는 사람, 눈에 얽힌 특별한 추억을 떠올리는 사람, 눈 내리는 날의 운치를 즐기는 사람, 첫눈 내리는 날 만나기로 한 약속을 잡아 놓고 기다려 온 사람 등 많은 사람이 각각 저마다의 사연과 감정을 가지고 설레는 마음으로 첫눈을 감상한다. 우리는 살면서 몇 번이나 첫눈을 맞이할 수 있을까? 저마다의 나이만큼 첫눈을 만날 것이다. 하지만 첫눈을 맞아 그 의미를 생각해 보는 것은 각자의 나이와는 크게 상관이 없을 것이다. 첫눈에 꼭 의미를 부여하며 생각에 잠길 필요는 없다. 다만 이 시에서 말한 것처럼 한 해가 저무는 것을 알려 주는 신호로 여겨 이를 계기로 지난 한 해를 되돌아보고 다시 새로운 미래를 계획한다면, 첫눈은 모든 사람에게 의미 있는 무엇이 될 수 있을 것이다. 어느 때는 설렘으로, 어느 때는 편안함으로.

이정원

동짓날에

김의정

세태를 한탄할 게 무에 있으랴	世態何須歎
저 천심도 또한 가고 오는 것을	天心亦往來
오늘밤엔 술잔 들고 위안할 수 있나니	擧杯今可慰
내일이면 양기가 돌아오기 때문이라네	明日一陽廻

김의정金義貞, 1495~1547, 「동짓날에 다른 사람의 시에 차운하여冬至次人韻」, 『잠암일고潛庵逸稿』

시인은 조선 중종中宗 연간의 문신이다. 자는 공직公直, 호는 잠암潛庵, 본관은 풍산豐山이다. 뛰어난 문장과 반듯한 행실로 당대의 쟁쟁한 명사들로부터 극찬을 받았다.

그의 생애를 살펴보면 초기의 벼슬살이는 순탄했다. 과거에 급제하여 조정에 나가자마자 왕의 신임을 받아 이례적으로 특진을 하기도 하였다. 그러나 이를 시기한 무리들이 가만히 있지 않았다. 당시의 실권자 김안로金安老가 모함을 해대는 바람에, 오래지 않아 파직을 당하고 말았다.

이 일로 혼란한 조정에 염증을 느낀 시인은 세상을 등지고 초야에서 은거할 생각을 하게 된다. 그러던 차에 부친의 상을 당하자, 시묘살이를 이유로 고향인 풍산으로 낙향하여 한동안 은거하며 지냈다. 이 시의 저작 연대는 명확하지 않지만 아마도 낙향을 전후한 시점에 지은 시가 아닌가 싶다.

동지는 한 해 중에서 밤이 가장 긴 날이다. 밤은 어둡고, 어둠은 암울한 이미지를 내포하고 있다. 대의도 없이 권세가에게 휘둘려 돌아가는 조정, 그런 권력에 굴복하고 빌붙는 부조리한 세태, 제목에 제시된 어두운 이미지는 첫째 구절의 표현과 겹치면서 더욱 극대화되어, 절망하는 시인을 떠올리게 만든다.

그러나 동지는 온통 음기가 가득한 세상에서 약하게나마 양기가 싹을 틔우려는 시점이다. 『주역周易』에서 음력 10월은 곤괘坤卦에 해당하는데, 순전히 음효陰爻만으로 괘가 구성된다. 음효는 보통 소인을 가리킨다. 괘상卦象으로 보면 소인으로 가득 찬 것이니, 소인의 기세가 세상을 덮는 형상이다. 동지가 있는, 다음 달 11월은 복괘復卦로 표현하는데, 곤괘와 비슷하지만 여섯 효 중에서 맨 아래 효가 양효陽爻로 바뀐다. 양효는 대인, 군자를 가리키므로, 이 괘는 온통 소인으로 가득 찬 세상에서 대인, 군자가 막 세력을 얻게 되는 것을 상징한다.

그렇기에 예로부터 선현들은 동지를 희망찬 새해가 가까워지는 시점으로 해석하였다. 해마다 중국의 황제에게 동지를 하례하는 사신을 보냈던 것을 보면, 이날이 갖는 의미가 어떤 것인지를 짐작할 수 있다.

시인도 같은 생각이었다. 현실에 대해 절망하기보다는 한 잔 술을 들며 내일이면 새로운 세상이 올 것이라는 작은 희망을 품어 스스로를 위안하였다.

세상에 영원한 것은 없다. 밝은 곳이 있으면 어두운 곳이 있고, 올라가는 길이 있으면 내려오는 길도 있다. 기쁨이 극에 달하면 슬픈 일이 생겨나기도 하고, 슬픔이 극에 달하면 기쁜 일이 생겨나기도 한다. 음과 양의 반복으로 사계절은 순환한다. 현실을 어떤 태도로 받아들이느냐에 따라 삶의 길은 달라질 수 있다.

무소불위의 세력을 떨치던 김안로는 몇 년 못 가서 실각을 했다. 그에게 미움을 받아 억울하게 밀려났던 이들은 다시 밝은 세상을 맞이하게 되었다. 당시 낙향해 있던 시인도 다시 공조 좌랑에 기용되어 조정으로 돌아왔다. 시인이 예견했던 세상의 이치를 확인할 수 있다.

권경열

한겨울에도 푸르른 소나무

기대승

송죽의 푸르른 빛이 사립문에 비치니　　松竹蒼蒼色映關
깊은 흥취에 젖은 채 홀로 배회하노라　　向來幽興獨盤桓
덧없는 인생이야 뉘라 뜻에 맞을쏜가　　浮生蹤跡誰如意
꽃다운 맹세 간직하여 세한에 이르리　　留取芳盟到歲寒

기대승奇大升, 1527~1572, 「시를 지어 읊다題詠」, 『고봉집高峯集』

우리는 봄에 새싹의 파릇함을 본다. 그 새싹이 여름에는 무성해졌다가 가을에는 단풍이 들고 낙엽이 되어 사라져 간다. 봄, 여름, 가을, 겨울이라는 절기의 순환 속에서 이러한 모습은 자연스럽기만 하다.

『논어』에서 공자孔子가 "날이 추워진 뒤라야 소나무와 잣나무가 시들지 않고 있음을 알게 된다."라고 한 이후 군자들은 소나무를 더욱 사랑하였다. 추운 겨울이 되어 모든 나무가 잎이 지고 시들 때에도 푸르름을 잃지 않는 모습을 변치 않는 지조에 비유하여 높이 평가한 것이다.

풀과 나무가 계절에 따라 생장하고 시들어 가듯 인간도 그러하다. 어린 시절 우리는 저마다 원대한 꿈을 설계하고 노력하면 못할 것이 없다는 생각을 가진다. 그러나 어느 정도 성장한 이후에는 자신의 꿈이 무엇이었는지 생각해 볼 여유도 없이 현실에 떠밀려 생활하게 된다. 세한歲寒은 시련의 시기를 비유하는 말로도 쓰이니, 세한의 소나무란 시련과 곤경 속에서도 자신을 잃지 않는 강인한 모습을 상징한다고 볼 수 있다.

기대승은 조선 초기를 대표하는 성리학자이다. 퇴계退溪 이황李滉과 다년간 편지를 주고받으며 인간의 본성을 설명하는 주요 개념인 이기理氣와 사단칠정四端七情에 대한 깊이 있는 철학 논쟁을 벌여 성리학 발전에 큰 공헌을 하였다. 그의 관점은 이후 율곡栗谷 이이李珥 등의 기호학파畿湖學派로 계승 발전되었다.

이 시는 기대승이 몇 세 때 지은 것인지 자세하지는 않지만, 내용으로 보아 중년 이후에 과거를 되돌아보며 앞으로의 각오를 다지던 시기에 지은 것이 아닐까 한다. 시인은 송죽의 푸르른 모습을 보고 홀로 지난날의 자신을 돌아보며 상념에 잠긴 듯하다. 부침이 반복되는 인생사에서 애초 마음먹었던 일을 다 이룬 사람이 몇이나 될까? 시인도 여의치 않은 일이 많았나 보다. 그러나 어떤 시련 속에서도 그 마음을 바꾸지 않으리라 다짐하고 있다.

한겨울 소나무 하면 떠오르는 작품으로 추사秋史 김정희金正喜의 「세한도歲寒圖」가 있다. 허름한 집 주위에 소나무와 잣나무 몇 그루가 서 있는 아주 소박한 그림이지만 걸작으로 평가받고 있다.

이 그림은 김정희가 그의 제자인 이상적李尙迪에게 그려 보낸 것이다. 당시 김정희는 제주도에 귀양 가 주변 사람들에게 외면을 당하는 곤궁한 처지에 있었다. 그런데 역관으로 중국을 오가던 이상적이 스승을 잊지 않고 중국에서 구한 귀한 책을 멀리 제주까지 보내주었다. 김정희는 권세와 이익을 추구하지 않고 곤궁에 처한 자신을 예전과 다름없이 대해 주는 마음을 무척 고마워하였다. 그의 변함없는 마음을 공자가 말한 세한의 송죽에 빗대어 그림을 그려 칭송하였던 것이다.

이렇듯 '세한의 푸르름'이란 나 자신과의 약속뿐 아니라 벗과의 신의를 상징하기도 한다. 나의 주변 사람들을 늘 변함없이 푸르른 모습으로 대했는지도 한 번쯤 생각해 보아야겠다.

이정원

눈 내리는 새벽에 우연히 읊다

이식

얼음장 밑으로 쫄쫄 물이 흐르는　凍水鳴何細
바람 한 점 불지 않는 고요한 이 밤　深宵靜不風
문득 툭툭 가지 꺾이는 소리 들려와　忽聞山木響
눈이 내린 것을 알 수 있었네　知是雪花濛
휘장을 걷고 보니 창밖이 새하얀데　卷幔窓全白
화롯불을 쑤석여도 불씨 보이지 않네　開爐火失紅
날이 개고 아침 해가 솟아오르면　會看晴旭動
천 개의 산이 희뿌연 옥빛으로 변해 있으리　千嶂玉朧朧

이식李植, 1584~1647, 「눈 내리는 새벽에 우연히 읊다曉雪偶吟」, 『택당집澤堂集』

조선 중기의 대표적 학자이자 한문사대가에 포함될 만큼 문장이 뛰어났던 택당澤堂 이식의 작품이다.

모두가 잠든 고요한 밤에 깨어 있는 사람은 아주 작은 자연의 움직임까지도 놓치지 않고 느낄 수 있다. 어둠 속에서 사물이 보이지 않을 때 귀는 오히려 더 밝아져서 보이지 않는 풍경도 들려오는 것들을 통해 그려볼 수 있게 된다.

시인은 깊고 고요한 밤에 홀로 깨어 있다. 바람 소리도 없이 고요한 가운데 물 흐르는 소리가 들린다. 소리가 가늘게 쫄쫄거리는 것을 보니, 추운 날씨에 시내가 얼어붙었다는 것을 알 수 있다. 물소리를 들으면서 시냇가 바위에 수정처럼 맑게 얼어붙은 얼음과 그 사이로 가늘게 흐르는 시냇물을 떠올린다. 그러던 차에 먼 데서 툭툭 하고 나뭇가지 꺾이는 소리가 들려온다. 쌓인 눈의 무게를 이기지 못한 나뭇가지가 한순간 부러지며 내는 소리이다. 간밤에 눈이 많이 내렸구나 싶다. 둘러친 휘장을 열어젖히니 창밖이 환하다. 새벽 찬 기운에 화롯불을 쑤석거려 보지만 이미 다 재가 되어 불씨가 보이지 않는다. 나뭇가지가 꺾일 정도로 눈이 왔으니, 봉우리마다 설산으로 변해 있겠구나 생각한다.

깊은 밤, 눈이 내리는 풍경은 상상하는 것만으로도 마음을 차분히 가라앉혀 주는 힘이 있다. 소복소복 눈이 내리는 모습을 떠올릴 때 들떠 일어나던 생각들도 함께 가라앉아서일까? 온 세상이 하얗게 변한 모습을 그려볼 때 내 마음에 있던 복잡한 생각들도 다 정화되어서일까? 어느 시인의 시에서처럼 포근히 내려오는 눈발 속에서는 "괜찮다."는 소리가 들려오는 듯하다.

택당 선생은 얼음장 밑으로 가늘게 흐르는 물, 눈의 무게를 견디지 못해 꺾이는 나뭇가지, 화롯불 등 겨울의 정취를 듬뿍 담은 글감으로 작품을 훌륭하게 완성하였다. 덕분에 소나무 가지가 꺾이는 소리를 한 번도 들어본 적 없는 나 같은 '서울 촌사람'도 시를 통해 눈 내린 골짜기의 얼음장 밑으로 흐르는 시냇물 소리를 들으며 정신을 씻을 수 있다. 400년 전 눈 오는 날 새벽에 읊은 시인의 노래가 시간의 흐름을 따라 흘러와 오늘 우리의 마음을 적신다.

하승현

산사의 눈 오는 밤

이제현

얇은 이불 썰렁하고 불등도 캄캄한데
어린 중은 밤새도록 종도 치지 않는구나
묵어 가는 손이 일찍 문 연다고 성내겠지만
암자 앞 눈 쌓인 소나무를 보아야 하겠네

紙被生寒佛燈暗
沙彌一夜不鳴鍾
應嗔宿客開門早
要看庵前雪壓松

이제현李齊賢, 1287~1367, 「산사의 눈 오는 밤山中雪夜」, 『익재난고益齋亂藁』

이제현은 우리나라 유학 발전에 중요한 역할을 한 학자이자 문인이다. 그는 충렬왕忠烈王 때 장원 급제를 하고 원나라에 가서 중국의 유명한 학자들과 성리학을 공부하고 돌아왔다. 그의 시는 당시 고려의 상황이나 풍속을 읊은 내용과 영사시詠史詩가

대부분이다. 그래서인지 잔잔한 산사의 풍경 속에 무한한 서정을 담아 시적인 함축미를 잘 표현한 위 시가 더 눈에 들어온다. 최해崔瀣가 익재의 작품 중에서 다른 시는 모두 먹칠해 지우고 이 시만 남겨 두자 익재가 그의 안목에 크게 감탄하여 지음知音으로 여겼다는 일화가 허균許筠의 『성소부부고惺所覆瓿藁』에 실려 있다.

우리도 이 시 안으로 들어가 상상해 보자. 눈이 펑펑 오는 날 산사에서 하룻밤을 묵게 되었다. 종이솜을 넣은 얇은 이불은 썰렁하니 온기가 없고 부처 앞에 켜 두는 등불도 꺼져 캄캄한데 사미승은 추위에 일어나기 싫어서인지 밤새 종 한번 치지 않는다. 잠 못 이루고 뒤척이던 시인은 새벽이 되자 방문을 열고 나서며 다시 사미승의 눈치를 본다. 잠 없는 손이 괜스레 댓바람부터 문을 열어 찬바람 들이치게 한다고 성내지나 않을까 조심스럽다. 하지만 절 앞에 있는 눈 쌓인 소나무를 구경해야겠다.

시는 이다음 펼쳐질 설경의 장관은 정작 보여주지 않고, 눈 내리는 산사에서 밤새 뒤척이는 시인의 소심한 마음 한 자락만 펼쳐 놓았다. 하지만 이 이상 무슨 말을 더 하랴? 시인은 아무 말이 없지만 독자의 눈앞에는 벌써 산사의 설경이 펼쳐진다. 방문을 열자마자 달빛보다 더 환한 눈빛에 눈이 부시고 새벽의 매서운 바람은 코끝을 스치며, 밤새 내린 눈의 무게를 견디지 못하고 부러지는 가지의 파열음이 귀를 때린다. 여기는 희로애락의 어떤 감정도 스며들지 못하는 순백의 세계이다. 생가지가 부러지는 처절한 아픔도 무채색의 눈 속에 묻히면서 무디게 느껴진다. 그에 따라 애증도 무뎌진다.

작은 절에 한번 다녀와야겠다. 그리고 그곳에서 해묵은 감정의 찌끼를 가라앉히고 와야겠다. 나의 가지가 부러지기 전에…….

김성애

눈 속에 핀 동백꽃

장유

눈 쌓여 송죽松竹도 곧 꺾일 지경인데	雪壓松筠也欲摧
선홍빛 몇 봉오리 산뜻하게 피었구나	繁紅數朶斬新開
아무도 찾지 않는 고요한 산속 집에	山扉寂寂無人到
이따금 새 날아와 남몰래 꽃을 쪼네	時有幽禽暗啄來

장유張維, 1587~1638, 「눈 속의 동백꽃雪裏山茶」, 『계곡집谿谷集』

조선 중기 한문사대가漢文四大家 중 한 사람인 계곡谿谷 장유의 시이다.

어려서부터 같이 공부한 친구 동야東野 임동林埬의 자가 늘그막에 한가히 지낼 생각으로 금성錦城 나주羅州의 옛 이름에 만휴당晩

休堂을 짓고 계곡에게 글을 지어 달라고 청하였다. 계곡은 「임동야를 위해 지은 만휴당 십육영晩休堂十六詠爲林東野賦」이란 제목으로 만휴당의 풍경을 노래한 시 16수를 지어서 그에게 주었다. 이 시는 그 가운데 한 수로, 흰 눈이 쌓인 추운 겨울에 선홍빛으로 곱게 핀 동백꽃을 노래하고 있다.

눈 내린 깊은 산중에 찾아오는 이 하나 없는데, 흰 눈이 온 세상을 다 덮고 있으니 더욱 고요하다. 시간이 멎은 듯 적막하여 조금은 쓸쓸하기도 한 가운데 반가운 것이 눈에 들어온다. 눈 쌓인 하얀 가지 위에서 더 붉어 보이는 동백꽃 봉우리들이다. 동백꽃이 불러들인 새들의 바쁜 몸짓과 지저귐까지 더해져 적막한 산골의 풍경에 다시 생기가 돈다.

'이십사번화신풍二十四番花信風'이란 말이 있다. 소한小寒부터 곡우穀雨까지 스물네 번 꽃 소식을 전하는 바람이란 뜻이다. 『연감류함淵鑑類函』 「천부天部 풍風」 조에 보면 이런 글이 있다.

"소한小寒 소식은 매화梅花·동백꽃山茶·수선화水仙가 전하고, 대한大寒 소식은 천리향瑞香·난초의 꽃蘭花·산반화山礬가 전하고, 입춘立春 소식은 개나리迎春·앵두꽃櫻桃·목련望春이 전하고, 우수雨水 소식은 유채꽃菜花·살구꽃杏花·자두꽃李花이 전하고, 경칩驚蟄 소식은 복숭아꽃桃花·산앵두꽃棣棠·장미薔薇가 전하고, 춘분春分 소식은 해당화海棠·배꽃梨花·목란나무의 꽃木蘭이 전하고, 청명淸明 소식은 오동나무꽃桐花·보리꽃麥花·버드

나무꽃柳花이 전하고, 곡우穀雨 소식은 모란牧丹·장미과의 만생蔓生 관목酴醿·멀구슬나무楝花가 전한다. 이것이 이십사번화신풍이다."

우리나라 절기와 조금 맞지 않는 부분이 있긴 하지만 꽃이 절기 소식을 전한다는 발상이 재미있다. 달력의 숫자를 짚으며 시간의 흐름을 좇지 않더라도 그때그때 피어나는 꽃과 그 꽃이 필 즈음 불어오는 바람에서도 절기의 변화를 느낄 수 있다. 오감으로 계절의 변화를 느끼는 자연스러운 삶의 방식을 내 삶 속에 들이고 싶다.

하승현

초가집 스승의 흥취

김언기

계획이 서툴러 작은 집도 완성하기 어려우니	謀拙難成屋數間
봄날에 터를 닦았는데, 어느새 겨울이 되었네	開基春日涉冬寒
겹 띠 이엉은 바람에 흩어져 서까래가 다 드러나고	重茅風散椽全露
벽돌 흙에 얼음 맺혀 벽이 마르지 않았네	塼土氷凝壁未乾
달은 빈 처마로 들어 책상을 밝게 비추고	月入虛簷明照榻
푸른 산 안개는 성긴 문 틈으로 피어나네	煙生疏戶翠連山
쓸쓸함이 심하대도 나는 오히려 즐거우니	蕭條雖甚吾猶樂
몸과 마음 모두 한가하기 때문이네	爲是身心兩得閒

김언기金彦璣, 1520~1588, 「초가집에 걸다題茅齋」, 『유일재실기惟一齋實紀』

흔히 유학의 본고장이라면 안동을 꼽고, 스승하면 퇴계退溪 이황李滉을 든다. 문하의 제자가 수백 명이나 되었고 모두가 안동 인근 출신의 기라성 같은 인물들이었으니, 이런 평가는 당연하다고 할 수 있다.

그러나 안동에는 그 못지않게 큰 스승이 있었다. 바로 유일재惟一齋 김언기이다. 그 자신이 퇴계의 제자로서, 200명에 가까운 제자를 길러냈다. 그리하여 눌은訥隱 이광정李光庭은 그의 일생을 적은 행장行狀에서, 안동의 학문이 흥성한 데에는 선생의 선도적인 역할이 있었다고 칭송하였다.

임진왜란 중에 작품이 대부분 소실되어 남은 것이라고는 이 시 정도뿐이지만, 구봉령具鳳齡, 권호문權好文 등 명사들의 차운次韻이 이어졌던 명시이다. 아담한 초가집에서 달과 청산, 아지랑이 같은 자연을 벗 삼아 강학하던 담박한 일생이 시에서 물씬 풍겨난다.

고려 때 많은 제자를 길러 낸 문헌공文憲公 최충崔沖의 몇 편 남지 않은 시 중에

뜰 가득 달빛은 연기 없는 촛불이요	滿庭月色無煙燭
자리에 비친 산 빛은 청하지 않은 손님일세	入座山光不速賓

라는 구절이 있는데, 자연을 즐기는 모습이 이 시의 정서와 놀라울 정도로 비슷하다. 스승의 도는 시대와 상관없이 서로 통하는

것인가 보다.

해마다 5월이면 스승의 날이 돌아온다. 대부분 제자들은 이 날이 되면 저마다의 방식으로 스승의 은혜를 기린다. 가슴에 꽃을 달아드리기도 하고, 자그만 선물을 준비하기도 한다. 그러나 언론을 통해 심심치 않게 교권 침해 소식이 들려오는 것도 사실이다.

왜 이렇게 변한 것일까? 단순히 제자들의 인성 탓으로만 돌려서는 안 될 것이다. 스승은 자신이 스승답게 지도하고 있는지를 고민할 필요가 있다.

후한後漢 때의 위소魏昭는 당대의 명사인 곽태郭泰를 찾아가, 곁에서 모시게 해 줄 것을 간청하면서 이렇게 말했다.

> "경서를 배울 수 있는 스승을 만나기는 쉬워도, 타인의 모범이 되는 스승을 만나기는 어렵습니다."

역사 속 모범적인 스승들의 여유와 솔선하는 삶을 배워 보는 것은 어떨까? 단순히 지식을 전해주는 스승, 어른으로 대접받으려고만 하는 스승이 아니라, 인격적으로 존경을 받는 참스승이 그리운 때다.

권경열

울지 않는 닭을 잡다

성현

못 우는 놈 삶아 먹고 잘 우는 놈 기르니　　烹不能鳴養善鳴
울기만 잘해도 내 속이 다 시원쿠나　　善鳴猶足暢吾情
은하수 흐르는 밤 고요해 새벽 알기 어렵고　　星河夜靜難知曉
종루 소리 바람에 흩어져 시간 알 수 없구나　　鐘漏風微未報更
베개맡에 근심거리 자주 기어들어　　枕上睡蛇頻自遯
가슴속 시름으로 편치 못하였네　　胸中愁緖不能平
이불 끼고 뒤척뒤척 잠들지 못할 적에　　擁衾輾轉無眠處
꼬끼오 첫닭 소리 듣기에도 반갑구나　　喜聽嘐嘐第一聲

성현成俔, 1439~1504, 「일찍 우는 닭을 얻고서 집에서 키우던 닭을 삶아 먹다得早鳴鷄 烹家中舊鷄」, 『허백당집虛白堂集』

성현은 세조에서 연산군 시대까지 활약한 관각 문학館閣文學의 대가이다. 자는 경숙磬叔, 호는 용재慵齋·허백당虛白堂이다. 고려 말부터 조선 전기에 걸쳐 대대로 뛰어난 문장가를 배출한 명문가의 자손으로, 대제학을 지낸 성임成任, 성간成侃의 아우이고, 성삼문成三問도 그 일가이다.

이 시는 파직되었던 작자가 다시 판결사, 우승지 등에 제수되던 때에 지어진 것으로 보인다. 시에서 말한 것처럼 밤잠을 제대로 못 이루고 뒤척일 정도로 근심스러웠던 일은 무엇이었을까? 그 고민이 무엇이든 불면의 밤을 지새워 본 사람은 누구나 밤이 너무 길다는 것에 공감할 것이다. 멈춰 있는 시간을 질경거리며 아침을 기다리다 보면 새벽을 알리는 소리가 너무도 반갑다. 옛날에는 밤중에 별을 보고 시각을 짐작하거나 성안에서 어렴풋이 들리는 종루 소리로 시각을 알 수 있었겠지만, 별을 보고 시간을 아는 게 쉬운 일도 아니고 성에서 먼 곳이면 종루 소리도 잘 들리지 않았을 것이다. 그러니 닭 울음소리에 의존할 수밖에 없었다. 그런데 성현이 키우던 닭은 잘 울지 않았던 모양이다. 잘 우는 새 닭을 얻고 나자 고장 난 시계 마냥 울지 않던 닭을 삶아 먹는다. 성현의 근심이 불면에 이를 정도로 크지만 않았어도 게으른 닭이라도 살아남을 수 있었으련만…….

당나라 손목孫穆의 『계림유사鷄林類事』란 책에 "고려의 방언으로 계鷄를 탁啄이라고 부르는데 그 음은 달達이다."라는 말이 있으니, 옛날부터 우리나라에서는 '닭'이라고 불렀던 듯하다.

요즘이야 닭하면 맥주와 먹기 좋은 안주라는 것이 떠오르겠지만 예전에는 닭을 두고 다섯 가지 덕五德을 갖추었다고 일컬었다. 첫째, 머리의 벼슬은 관을 쓴 것과 같으니 문文의 덕을 갖춘 것이라고 보았다. 둘째, 발에 붙은 며느리발톱은 무武의 덕을 갖춘 것이라고 보았다. 셋째, 적을 만나면 용감히 싸우니 용勇의 덕을 갖춘 것이라고 보았다. 넷째, 먹을 것이 있으면 동료를 불러 같이 먹으니 인仁의 덕을 갖춘 것이라고 보았다. 다섯째, 반드시 정확한 새벽 시간에 우니 신信의 덕을 갖춘 것이라고 보았다.

이 밖에도 문헌에 보이는 일화 등을 통해 볼 때 옛 선비들이 닭을 좋아했음을 알 수 있다. 그러나 아무리 장점이 많아도 어쩌겠는가? 제 구실을 못하면 잡아먹힐 수밖에. 닭이 신의 덕을 갖추었다고는 하지만 모든 닭이 새벽에 정확히 우는 것은 아닌가 보다.

김성애

도판 자료 제공처

봄

새해를 맞이하며 정선鄭敾, 해악전신첩海岳傳神帖 문암관일출門巖觀日出, 간송미술관

내 바보 사려 이재관李在寬, 송하인물도松下人物圖, 국립중앙박물관

다리밟기 임득명林得明, 옥계십이승첩玉溪十二勝帖 가교보월街橋步月, 삼성출판박물관

봄날 시냇가에서 김홍도金弘道, 농춘화답弄春和答, 간송미술관

봄비 소리 들으며 소상팔경도瀟湘八景圖 소상야우瀟湘夜雨, 한국데이터베이스진흥원

비 갠 아침 정선鄭敾, 인곡유거仁谷幽居, 간송미술관

봄을 찾아 심사정沈師正, 방고산수첩倣古山水帖 기려심춘騎驢尋春, 간송미술관

봄날 풍경 김홍도金弘道, 마상청앵도馬上聽鶯圖, 간송미술관

꽃 피는 좋은 시절 흥취는 도도해라 강희언姜熙彦, 사인시음士人詩吟, 한국데이터베이스진흥원

술을 벗하며 태평 시절 노래하네 이경윤李慶胤, 수하대취도樹下大醉圖, 고려대학교 박물관

소 타는 즐거움 이경윤李慶胤, 기우취적騎牛吹笛, 간송미술관

매화를 전별하다 심사정沈師正, 매월만정梅月滿庭, 간송미술관

볼락어 이명욱李明郁, 어초문답漁樵問答, 간송미술관

내 눈에 걸린 초승달 이정李霆, 문월도問月圖, 간송미술관

여름

선녀의 얼굴 정선鄭敾, 정양사正陽寺, 간송미술관

한가로이 지내며 이도영李道榮, 독좌탄금獨坐彈琴, 간송미술관

스스로에게 달렸을 뿐 북관별과도北關別科圖, 국립중앙박물관

초당에서 보내는 하루 정선鄭敾, 여산초당廬山草堂, 간송미술관

패랭이꽃 김홍도金弘道, 황묘농접黃猫弄蝶, 간송미술관

비가 와야 할 텐데 군룡도群龍圖, 리움미술관

더위를 피해 이인문李寅文, 산수도山水圖, 국립순천대학교 박물관

세검정 유숙劉淑, 세검정洗劍亭, 국립중앙박물관

시원한 샘물 강세황姜世晃, 송도기행첩松都紀行帖 태종대太宗臺, 국립중앙박물관

전원으로 돌아가리 김홍도金弘道, 단원풍속도첩檀園風俗圖帖 경답耕畓, 국립중앙박물관

백마강의 안개 이정李楨, 산수도山水圖, 국립중앙박물관

산사에서 들려오는 저녁 종소리 정선鄭敾, 정양사正陽寺, 간송미술관

가을

칠석 김시金禔, 선록완월仙鹿翫月, 간송미술관

무지개 화훼초충도花卉草蟲圖, 국립중앙박물관

가을바람 빗소리에 잠 못 이루고 심사정沈師正, 소상팔경첩瀟湘八景帖 소상야우瀟湘夜雨, 간송미술관

서울에서 추석을 맞아 정선鄭敾, 동정추월도洞庭秋月圖, 고려대학교 박물관

변화의 물결 앞에서 백은배白殷培, 기려강안도騎驢江岸圖, 간송미술관

달구경하는데 모기쯤이야 안중식安中植, 탑원도소회지도塔園屠蘇會之圖, 간송미술관

겨울

첫눈 조희룡趙熙龍, 매화서옥도梅花書屋圖, 간송미술관

동짓날에 김수철金秀哲, 겨울 산수, 국립중앙박물관

한겨울에도 푸르른 소나무 김정희金正喜, 세한도歲寒圖, 국립중앙박물관

눈 내리는 새벽에 우연히 읊다 김득신金得臣, 강천모설江天暮雪, 간송미술관

산사의 눈 오는 밤 김홍도金弘道, 산사귀승도山寺歸僧圖, 한국데이터베이스진흥원

눈 속에 핀 동백꽃 동백꽃과 참새, 국립순천대학교 박물관

초가집 스승의 흥취 이경윤李慶胤, 설경도雪景圖, 고려대학교 박물관

울지 않는 닭을 잡다 정선鄭敾, 등롱웅계燈籠雄鷄, 간송미술관

* 소장하고 계신 귀한 자료를 제공해 주신 여러 기관에 깊은 감사를 드립니다.

저자 소개

권경열

대학에서 경제학을 전공하였으며, 한문학 박사과정을 수료하였습니다. 한국고전번역원 고전번역교육원에서 한문을 공부하고, 성균관대학교 존경각에서 고서 담당 사서로 근무하였습니다. 현재 한국고전번역원 선임연구원으로 재직하고 있습니다. 『오음유고』, 『갈암집』, 『국조상례보편』, 『가례향의』, 『승정원일기』, 『생각, 세 번』, 『고사로 풀이한 채근담』 등의 번역과 집필에 참여하였습니다.

김성애

대학에서 중국사를 전공하였으며, 고전번역협동과정 박사과정을 수료하였습니다. 한국고전번역원 고전번역교육원에서 한문을 공부하고, 한국고전번역원 수석연구위원으로 재직하고 있습니다. 한국문집총간의 해제 및 색인 작업과 『성호전집』, 『대산집』 등의 번역에 참여하였습니다.

변구일

대학에서 국어국문학을 전공하였으며, 한문학 전공으로 석사 학위를 취득하였습니다. 한국고전번역원 고전번역교육원에서 한문을 공부하고, 한국고전번역원 연구원으로 재직하고 있습니다. 『창계집』, 『일성록』, 『동천유고』, 『당송팔대가문초-구양수』 등의 번역에 참여하였습니다.

양기정

대학에서 한문학을 전공하였으며, 문헌정보학 박사과정을 수료하였습니다. 한국고전번역원 고전번역교육원에서 한문을 공부하고, 한국고전번역원 책임연구원으로 재직하고 있습니다. 『명재유고』, 『성호전집』, 『승정원일기』, 『생각, 세 번』 등의 번역과 집필에 참여하였습니다.

이정원

대학에서 한문학을 전공하였으며, 고전번역협동과정 박사과정을 수료하였습니다. 한국고전번역원 고전번역교육원에서 한문을 공부하고, 한국고전번역원 책임연구원으로 재직하고 있습니다.『승정원일기』,『우담전집』,『명재유고』,『대산집』,『설수외사』,『생각, 세 번』 등의 번역과 집필에 참여하였습니다.

장미경

대학에서 국어국문학을 전공하였으며, 한문학 전공으로 박사 학위를 취득하였습니다. 사단법인 유도회와 한국고전번역원 고전번역교육원에서 한문을 공부하고, 한국고전번역원 선임연구원으로 재직하고 있습니다.『승정원일기』 번역에 참여하였습니다.

하승현

대학에서 국어국문학을 전공하였습니다. 성균관 한림원과 한국고전번역원 고전번역교육원에서 한문을 공부하고, 한국고전번역원 선임연구원으로 재직하고 있습니다.『승정원일기』,『후설』,『생각, 세 번』,『눈 셋 달린 개』,『잠, 마음에 놓는 침』,『화담집교주』,『사필, 사론으로 본 조선왕조실록』 등의 번역과 집필에 참여하였습니다.

감수자 소개

홍기은

대학에서 사학을 전공하였으며, 고전번역협동과정 박사과정을 수료하였습니다. 한국고전번역원 고전번역교육원에서 한문을 공부하고, 한국고전번역원 책임연구원으로 재직하고 있습니다.『승정원일기』,『일성록』,『갈암집』,『명재유고』,『대산집』,『성호집』 등의 번역에 참여하였습니다.

한시 감상

景, 자연을 노래하다

한국고전번역원 엮음
권경열, 김성애, 변구일, 양기정, 이정원, 장미경, 하승현 집필
홍기은 감수

2016년 8월 31일 초판 1쇄 발행

발행 한국고전번역원 등록 2008. 3. 12. 제300-2008-22호
주소 03000 서울특별시 종로구 비봉길 1
전화 02-6263-0201 팩스 02-394-8803 홈페이지 www.itkc.or.kr

발행인 이명학
기획·편집 한국고전번역원 콘텐츠기획실
책임편집 하승현 편집진행 배민정, 변구일, 최두헌
디자인 은희주 인쇄 (주)케이에스 센세이션

값 10,000원
ISBN 978-89-284-0414-8 03810

* 이 책은 교육부로부터 인문학 진흥을 위한 저서출판지원을 받아 출간하였습니다.